ベストセラーの値段

お金を払って出版する経営者たち

水野俊哉

はじめに

「ベストセラー」もしくは「ベストセラー作家」と聞いて、皆さんはどのようなイメージをされるでしょうか。

赤川次郎氏や、村上春樹氏のような、天才的なストーリーテラーを思い浮かべる人もいれば、堀江貴文氏やごく最近で言えば前田裕二氏など、有名な経営者の書くビジネス本を想像される方もいらっしゃるでしょう。

ではもう一つ質問です。あなたがベストセラー作家になれる可能性はどれくらいあると思いますか?

考えたこともない、という方がほとんどでしょうか。中には「生涯で1冊くらいは自分の著書を出してみたい」と思っている人もいるかもしれません。しかしベストセラー作家になるぞ、とまで思っている方は多くはないでしょう。

結論から言うと、あなたがベストセラー作家になることは決して夢物語ではありません。と、言うと少し誤解があるでしょうか。本書は別に、あなたもベストセラー作家を目指して、素晴らしい文章が書けるように勉強しましょう、という本ではありません。端的に言えば、**「ベストセラーはお金をかければ作ることができる」**。

これが、本書でもっとも伝えたい主張となります。もしもあなたが、資金を潤沢に持つ会社の経営者や投資家、クリニックの院長などであれば、半年後にはベストセラー作家になっている可能性があります。

＊　＊　＊

もちろん、それ以外の、ごくごく普通の会社員や主婦の方にとっても、興味深いトピックをたくさん詰め込むことができたと自負しています。

例えば皆さんは、最近話題のビジネス書の著者が「自分の本をベストセラーにするために」自ら数千万円というお金を払っているのをご存知でしょうか？　さらにその数千万円を使ってベストセラーを作った結果、得られる印税は数百万円程度、ということをご存知でしょうか？

これが真実だとしたら、なぜそんなことをするの、と思われるかもしれません。それこそが本書のテーマです。

・なんで著者はお金を払ってベストセラーを作るの？
・ベストセラー著書は本当に自分で本を書いているの？
・書店の売上ランキングは操作されているの？
・著者が自ら自分の本を買い取っているって本当？

本書では現代の出版業界の裏話を目いっぱい語っています。とはいえ、私自身も出版業界の人間です。さらに言えば、出版によって人生を救われた経験があります。

なのでこの本は、決して出版業界の裏側を暴露して、好感度を下げてやろうという本ではありません。

なぜ有名作家の人たちは、お金をかけてベストセラーを作るのか。どうやってベストセラーを作っているのか。ひとことで言ってしまえばこれはマーケティングに関する問題です。

この問題を解説することで、ビジネスにおけるマーケティングの重要性、そして**出版をうまく使うことで、出版とは関係のないビジネスを伸ばすことができる**というのが本書でもっとも伝えたいことで、そのために私が知る限りの具体的な知識やノウハウを詰め込んでいます。

＊　＊　＊

さて、自己紹介が遅れてしまい申し訳ございません。はじめまして、水野俊哉と申します。

現在はビジネス書作家として執筆活動をする傍ら、その経験を基に出版したい方向けの塾や、出版コンサルティング、プロデュースなどを行っています。作家としてはこれまで27冊の著書を出版し、累計部数は40万部を超えています。

とはいえ、はじめから作家を志していたわけではなく、もともとはベンチャー企業を経営する経営者でした。

この会社は順調に成長し、上場一歩手前まで到達していたものの、そこから急激に業績が悪化してしまいます。紆余曲折あった結果、私は取締役を解任された上、3億円の負債を抱えてしまいました。

その当時の地獄のような日々は『幸福の商社、不幸のデパート』に書いた通りですが、今でもありありと思い出すことができます。しかし、そんな私を「出版」が救ってくれました。

経営コンサルタントとしてなんとか身を立て直そうとする傍ら執筆した本がベストセラーとなり、それがきっかけで本業であるコンサルティングの売上を数億円程度まで飛躍的に伸ばすことができたのです。今では出版コンサルをしつつ、出版社や文化人芸能プロダクションなど複数の会社を経営しています。

＊　＊　＊

この、出版がきっかけで「経営コンサルティングを含む会社の業績を伸ばすことができた」というのが本書のキモとなる部分です。

もしあなたが個人事業主や経営者であるならば、事業を伸ばすためにはマーケティングについて深く考えなければいけません。

売上を伸ばしたいと考えた時、多くの人は自分の商品に目を向けます。この商品をどう改善したらもっと売れるのか、これで価格は適正か。

もちろんそれは間違ってはいません。しかしどれだけその商品が優れていても、そのことをみんなに知ってもらえなければ売れるわけはないのです。事業が伸び悩んでいるという経営者の多くが、ここを甘く考えています。

テレビCMを打つ、自社サイトのSEOを工夫する、SNSで拡散されるための施策を出す、もちろんすべて間違っていません。しかし、もしあなたがそういった施策をした上で、事業が伸び悩んでいるのだとしたら、出版がブレイクスルーのきっかけになるかもしれません。

＊　＊　＊

出版には様々な力があります。本を出したことで一般の人々からは専門家の「先生」として扱ってもらえます。私のことなど知るよしもなかった地方の人が、書店で私の本を見つけたことがきっかけでわざわざ上京してセミナーに来てくださいます。書籍の内容に感銘を受けた優秀な大学生が、ぜひ水野さんの下で働かせてくださいと連絡をくれます。さらには趣味のフットサルやサッカーを一緒にやる仲間も見つかりました。

これは私だけの体験ではなく、私がプロデュースをした多くの経営者、もしくは私とはまったく関係なくとも世間を賑わすベストセラー本の著者が、出版によって大きく自分の人生を飛躍させています。

ただ有用なノウハウを文章にするだけならブログでもSNSでも発信することができます。そして実際に、そういったインターネットを使った方法もまた、有力なマーケティング施策として多くの企業が取り入れています。

しかし、本を出版するというのは、それらとはまた違った価値を持ちます。これは、本を書くと言う、はるか昔から受け継がれてきた文化の力です。

私たちは幼少のころから、本というのは高尚なものであり、その著者というのは立派な人物のはずであると刷り込まれているのです。本を出すことで、自分自身のブランド価値を高めることができる出版というのは自分自身のマーケティングでもあります。

出版を使ってどうすれば事業を伸ばすことができるのか。どうすればベストセラーを作ることができるのか。どんな人が出版すべきなのか。そんな私がこれまで築き上げたノウハウを、出版業界の裏側とともに楽しくお伝えしていければと思います。お付き合いのほどよろしくお願いいたします。

２０１９年12月

水野俊哉

第1章

出版業界に未来はあるのか

第2章

投資としての出版ビジネス

第3章

作られたベストセラーたち

第4章

ベストセラーの作り方 ～出版のやり方編～

第5章

ベストセラーの作り方 ～効果的な販促編～

第1章

出版業界に未来はあるのか

1 出版業界はオワコンか？

内側から見た「出版不況」

出版不況という言葉が叫ばれはじめて久しいですが、出版業界に身を置く私から見ても、その状況は悪くなる一方です。厳しい言葉を使うのであれば**「出版業界はオワコンである」**と感じています。

出版業界、と一口に言ってもそこには多くの仕事があります。まずは大本となる本を作る出版社、そしてそれを流通させる取次業者、さらに実際に販売する書店。それぞれの企業の下には編集者、ライター、営業、書店員などなど、１つの本が出版される過程には多くの人々が関わっています。

誰もが貧しい業界

出版業界が不況になるということは、そこに携わるすべての人々が貧しくなるということです。例えば、出版社から依頼されて、本の企画や編集を代行する仕事のことを「編集プロダクション（略して編プロ）」と言いますが、40代の編プロ勤務で手取りが15万円、なんて言う人もいます。

２０１９年10月、ホリエモンこと堀江貴文氏が「手取り14万円のお前が終わってんだよ」というツイートをして話題になりました。

とあるネット掲示板上で、必死に働いても手取りが14万円しかないことを「日本終わってる」と嘆いた投稿に対し、先述の返信をした堀江氏は、その後動画にてこのコメントの意図を「これだけお金を稼ぐ手段やそのための情報がインターネット上に溢れている時代に、わざわざそんな仕事をしているのがおかしい」と解説しています。

このような物言いに対する賛否はともかくとして、堀江氏に言わせれば先ほど紹介した編プロのような仕事も「終わってる」ということになってしまうのでしょう。

そして編プロだけでなく、フリーライターや取次業者の社員など、出版業界に携わる職業のほとんどが、このような状況にあるのが現実です。

まさに「オワコン」なのです。

2 出版というビジネスモデルの歪み

大手出版社も経営に不安を抱えている

なぜ彼らへのギャランティが低いのか。答えは単純で、それを支払っている側が儲けていないからです。先ほど出版というビジネスはおおまかに言って出版社↓取次業者↓書店という流れになっていると書きました。

一番上流に位置する出版社がそもそも儲けていないのですから、下流にお金が流れるわけがありません。

皆さんが名前を知っているような大手の出版社も皆、経営に不安を抱えているのが現状で、結果として取次業者も書店も非常に苦しい状況にあります。

売上額は全盛期の半分なのに出版点数は増加

出版不況が深刻化している1つの証左として、大手取次業者である日販の2018年度業績が、19年ぶりに赤字となったことが発表されました。日販の発表によると、書店での出版販売金額はピーク時の半分ほどになっているとのことです。

販売金額が半分ということは、そこで働く人々の分配される金額も半分、と思ってしまいますが、実際はそれよりさらに良くない状況が訪れています。

普通、会社というのは商品が売れなくなれば、生産数を絞りコストカットを図ります。しかし多くの出版社では、逆に出版点数（出版する本や雑誌の種類）は増大しているのです。

売れない本を作らなければならないワケ

これを説明するにはまず、出版における売上の考え方を説明する必要があります。先ほど出版社が作った本が、取次業者により物流に乗り、最終的に書店を通して読者に届く、という話をしました。

①出版社
②取次業者
③書店
④読者

出版物が最終消費者である④読者に届くまでにはこうしたステップがあるわけですが、これを②取次業者の目線で考えると、①出版社から買った（仕入れた）本を、③書店に売ることでマージンを得ている、という仕組みです。

ここで重要なのは、出版社からすれば、最終的にその本が読者に買われない「不人気」な本であったとしても、ひとまず取次業者にさえ渡してしまえば売上が発生するということです。

当然ですが出版社も、社員への給料や著者への印税など毎月のように多額の支払いがあり、それを回すためには売上が必要です。したがって最終的に読者から購入されるかされないかにかかわらず、一定数を取次業者に納品する必要があります。

一方で取次業者やその下流の書店からすれば、最終的に読者から買われない、すなわち「売れ残り」が想定されるような本は仕入れたくありません。この出版不況の世の中ではほとんどの本が「売れ残り」になってしまう可能性のほうが高いと言えるわけで、そう考えるならば出来る限り少ない部数に仕入を抑えることで、売れ残りのリスクを抑えようとします。

究極の自転車操業

さて、こうなると出版社は困ります。一定数の売上がないと経営が立ちいかないのに、書籍1点あたりの売上（部数）は下がる一方なのです。そこでどうするか、と言うと出版する本の種類、**すなわち出版点数を増やすわけ**です。

新刊となれば取次業者も引き受けざるを得ないので、出版点数（書籍の種類）を増やすことでなんとか売上を確保できるわけです。

ひとつひとつの書籍はあまり売れないが、月々の支払いをこなすためにたくさんの種類を作ることでなんとか埋め合わせているのです。もし出版するものがなくなったり、取次からのお金が払われなくなったらその瞬間に経営が立ち行かなくなる、**大手出版社でさえそんな究極の「自転車操業」が行われているのが出版業界**です。

さらにはその出版社が頼りにしているはずの取次業者側も、先ほどの日販の例のように赤字を抱えているのですから、業界全体がオワコンだという他ありません。

3 印税で稼ぐ時代は終わった

売上額以上に厳しい現実

そしてその煽りをもろに食らうのが著者や編プロといった、製作に関わる個人です。同じ100万部の売上でも、10万部×10種類であれば、それぞれの書籍の製作に携わった著者や編プロたちは「10万部」分の報酬を受け取ることができます。

しかし**現代の出版は極端に言えば「1万部×100種類」という形でなんとか売上を保っているような状況です。**しかも実際は初版1万部以下がほとんどなので、それぞれの製作に携わっている人々が受け取れる額は微々たるものになってしまうわけです。

これは少し極端な例ではありますが、このような理屈で出版物の製作に携わるひとりひとりのギャランティが下がり続けているのは間違いありません。

印税生活は夢のまた夢

出版、と聞いて皆さんが思い浮かべるであろう「印税」も、例外ではありません。

よく本を書いていると言うと「不労所得ですね！　うらやましい！」とか、「**夢の印税生活**」とか言われることが多く、ああ一般の人たちの中ではいまだにそんなイメージなのだな、と痛感します。

先述のように、「書籍1冊あたりの部数」も「全体の販売額」も落ちている現状では、印税で生活するなどというのは夢のまた夢です。

一般的なビジネス書著者なら年に4冊出版しても新卒社員程度の収入

例えば１５００円のビジネス書を出版するとして、その印税はおおむね10％くらいです。出版の仕方によってはもっと低い場合もあるでしょう。初版部数が５０００部あればまあ良いほう、というのが現在の出版業界ですから、もし増刷がいっさいかからないとすれば、その著者の元に振り込まれる印税は

1500円 × 10% × 5000部 = 75万円

となります。年に4冊出版して、ようやく新卒社員の年収くらいの額ですから、これで生活するなどというのが夢のまた夢であることがわかると思います。

現在印税で生活できている著者というのは、東野圭吾さんなどの誰もが知るようなビッグネームだけで、日本でせいぜい20〜30人といったところではないでしょうか。

4 ベストセラーは「作れる」

時代の波に乗れない業界

このような出版不況の原因は「インターネットやスマートフォンの普及による活字離れ」などと言われることが多いようです。確かに本が売れにくくなっているのは事実ですし、その陰にはインターネットやスマホの普及といった理由もあるとは思います。

しかしその一方で、時代に合わせてビジネスモデルを変えられない、出版業界の旧態依然としたやり方にも大きな問題があると私は考えています。

例えば、先ほどの日販のような取次業者が赤字を抱える根本的な原因の1つとして、「雑高書低」という業界の風潮があります。広告収入を見込んだ雑誌の創刊がどんどん進む（雑高）一方で、専門書をはじめとした一般書籍の売上が相対的に低くなったことを指します。当時は書籍で多少赤字が出ても、雑誌の手数料や広告収入によってそれをカバーし、全体としては黒字を保てるということが多くありました。

しかしその主力たる雑誌の売上が20年連続で下落しており、ピーク時のほぼ半分となっています。またインターネット広告の普及等により、大きな収益源であった広告料も減少の一途をたどっています。

実は好調なジャンルも！

その一方で、書籍のほうは実は雑誌ほどは売上が減少しておらず、一部のジャンルでは前年比で売上増を記録していたりもします。特にビジネス書は近年にわかに盛り上がりを見せており「ビジネス書ブームが来ている」と見る向きもあるほどです。

このビジネス書ブームの背景にあるのが、この本のテーマでもある「本の売り方」です。

あらゆるビジネスのキモ「マーケティング」

詳しい手法については第２章以降で細かく解説していきますが、ひとことで言えばベストセラーはお金を使えば人為的に作ることができるのです。こう書くとなんだか過激で、とてもいけないようなことをしている印象を与えてしまうかもしれませんが、要は「**マーケティング手法が進化した**」ということです。

マーケティングというのは、効果的な広告を出したり、話題作りをしたりという企業努力のことを指します。どんな商品であってもそれを売るためにマーケティングが重要であるというのは当然のこと。

あらゆる業界がそれを認識した上で、時代に合わせたマーケティングを行っている中で、出版業界はようやく一部のコンテンツでそれが効果的に行われるようになってきた、というわけです。

時代の流れが逆風となっていると言うのは簡単ですが、その逆風に立ち向かう、あるいはその風を乗りこなすための企業努力を出版業界がしてきたのか、と言えばそこは甚だ疑問です。

5 ベストセラーの値段は？

ビジネス書のマーケティング手法

とはいえ、先ほども書いた通り、一部のジャンルにおいては、このインターネット全盛の時代をうまく利用して書籍の売上を伸ばすことに成功しています。

本書はその書籍のマーケティング手法、よりシンプルに言えば「ベストセラーの作り方」を赤裸々に解説してしまおう、という本になっています。

ベストセラー作家と言うと圧倒的な文章の才能を持っている「天才」というイメージを持つ方も多いのではないでしょうか。もちろんそういう人もいますが、ここ数年ベストセラーになっている書籍というのは、そのほとんどが戦略的なマーケティングに基づいたものです。

あえて過激な言い方をするならば「お金で作られたベストセラー」なのです。

何部売れればベストセラーか？

では「いくらかければベストセラーが作れるのか？」というのが気になるところかと思いますが、その前に「そもそもどれくらい売れたらベストセラーと言って良いのか？」というところから解説しましょう。

これは特に厳密な定義はないのですが、書籍全体の部数がどんどん落ちている時代の流れで、ベストセラーと呼ばれる基準も下がってきているのは間違いありません。

大半の書籍が初版部数3000部程度、初版5000部あれば「すごいね」と言われる時代です。そしてそのほとんどが増刷されることなく、初版のみで終わります。

そう考えれば1万部売れたらかなり優秀なほうで、もう少しハードルを上げるとしても3万部売れたらベストセラーと言っても良いでしょう。

もちろん、中には何十万部も売れる本もありますが、そんな本は年に数冊ですし、さらにはその著者を見ていると「アベレージで3万部を売り上げられる人の本の中で、特に調子が良いものが数十万部に達する」というケースが多くあります。すなわち3万部を売る方法論の先に数十万部、100万部という売上があるわけで、まず目指すべきはそこということです。したがって、本書ではこの「1万部で成功、3万部なら大成功」というのを1つの基準に語っていきたいと思います。

ベストセラーは3000万円あれば作れる

ではその基準に沿って考えた時に「いくら使えばベストセラーができるのか？」と考えると、ズバリ3000万円ほどあれば大成功、すなわち3万部以上の売上が見込める、というのが2019年現在の出版業界における相場感ではないかと思います。

そこまでかけなくても1000万円使えば1万部の成功ラインが見えてきます。

お金をかけるポイントは主に3つ

具体的にどこにそんなお金をかけるのか、と言うとこれは大きく分けて3つのポイントがあります。

①広告

一番イメージしやすいのがこの広告だと思います。例えば新聞に書籍の広告を出す、電車の中吊り広告を出す、といったものでその書籍を多くの人に知ってもらうわけです。具体的な金額やその効果については第5章にて解説していきますが、ここはお金をかけようと思えばいくらでもかけられる部分ですから、先ほどの1000万円と3000万円の違いというのは主にここになってきます。

もちろんコストパフォーマンスが良いものから悪いものまで様々あるわけですが、基本的には「お金をかければかけるほど売れる」と言って良い部分です。

②自己買取

これは著者自らが出版社から自分の本を買うことです。どちらかと言うと「本を売るため」というよりも「本を出すため」に行われることが多いのですが、ゼロからベストセラーを作るという意味では重要かつポピュラーなものなので一緒に解説します。

どういうことかと言うと、例えばあなたが本を出したいとなった時、それがどんなに良い内容、良い企画であろうと、出版社からすると「まだ一度も本を出したことがない、特に知名度のあるわけでもないこの人の本を出してちゃんと売れるのかな?」ということになり、そもそも出版をさせてもらえないことが往々にしてあります。

その時に例えば「初版3000部のうち1000部を自分で買います!」と言えば、出版社からすればリスクが下がることになるので「それなら出版してみようか」となる可能性があります。同じように、普通に考えれば初版3000部のところを、自己買取をしてくれるから5000部に、といったパターンもあり得ます。

書籍1冊1500円と考えれば1万部すべてを自分で買い取ったとしても1500万円ですから、（実際にはその他の手法にもお金をかけるわけですが目安として）1000万円使えば1万部くらい売れそうだな、というのは的外れでないと理解していただけるかと思います。

1つ注意が必要なのは、お金を払えば何でも出版できる、という意味ではないということです。それでは自費出版と変わりません（自費出版と商業出版の違いについては第4章で詳しく説明します）。

通常本を出す際は、出版社に企画書を提出し、その企画書で売れそうだ、となったら執筆のGOサインが出ることになります。ただ、どんなに良い商品であっても知名度がなければ売れない、というのはどの業界でも往々にして起こり得ることです。よって先ほどのような、企画会議ではねられるといったことがあるわけですが、そこで自己買取がいくらかあれば、そのハードルが下がる可能性があります。

③書店買取

これは少しわかりづらいかもしれません。まず何をするかと言うと、著者が自ら巻の書店で自分の本を買います。自分の本を自分で買うという意味では②自己買取と変わりませんが、先ほどの自主買取が出版社のリスクを下げることが目的だったのに対して、こちらは広告効果を見込んでいます。

皆さんも本屋さんにいくと、話題の本は平積みになっていたり、時には特設の売り場が設けられていたりするのを見かけることがあるかと思います。人気書籍ランキング、などという形で特別な棚を目立つ場所に置いている書店も多くあります。

自分で自分の本を買うことによって、**書店から「この本は売れ行きが良い」と認識されます**。それにより、こういった売り方をしてもらうのがこの手法の目的です。例えば人気書籍ランキングの上位に置いてもらえば、それを見た人が「おお、この本が今話題なのか」と言って手に取ってくれるかもしれません。

ランキング操作、などと言うと不正を働いているかのような印象を受けますが、たいていの本が、人々にそこにあることを認知すらしてもらえないまま売れ残ることを考えれば、まず「知ってもらう」ための努力は必要不可欠なことなのです。

6 本を売るのは著者の仕事か、出版社の仕事か

広告費を著者が負担？

②自己買取については当然、著者が出版社にお金を払うわけですが、①広告や③書店買取に必要な経費も、著者が払うのが出版業界では一般的です。すなわちベストセラーを作るのに必要な1000万〜3000万というお金を、出版社ではなく著者が負担しているわけです。これは非常におもしろい、と言うか特殊なことだと思います。

本来は出版社の商品だが

出版物というのは出版社の商品です。著者というのは、原稿というコンテンツを出

版社に提供している立場です。漫画家が自分の漫画を少年ジャンプに載せるのと同じで、著作権は作家が持っていても、少年ジャンプという雑誌やコミックを販売する権利は集英社が持ちます。

漫画家は一生懸命自分の作品を作りますが、コミックスの宣伝や、アニメ化の交渉といった仕事を自らやったりはしません。それらは商品を売っている出版社の仕事だと考えるのが自然です。

それなのに、ビジネス書だけは広告にかかるお金を著者が負担することが多いのです。これはコミックスの広告費を集英社ではなく漫画家自身が負担しているようなものですから、どれだけ特殊なことかご理解いただけると思います。

このように、本質的には本を売るためのマーケティングというのは出版社の仕事です。なぜなら、著作権者に印税を支払い、本を販売させてもらうというのが出版社のビジネスモデルだからです。

しかし、自社の製品のマーケティングにお金をかけることすらできないのが現在の出版業界なのです。その結果、本来自社で負担するコストを代わりに負担してくれる著者に頼っている、というのが現状です。

7 出版に「投資」する経営者たち

なぜ著者はそこまでしてベストセラーを作るのか

ここで疑問に浮かぶのが、なぜ著者はそんな高額のコストをかけてまで、ベストセラーを作ろうとするのか、ということです。

先ほども少し書いた通り、書籍の印税というのは10%程度が一般的です。1500円の本であれば1冊につき150円ということになります。

これも出版社から取次への売上と同じように、実際に読者が買った数ではなく、刷られた数で計算します。

例えば5万部のベストセラーとなった場合は

1500円 × 50000部 × 10% ＝ 750万円

です。

どうでしょうか。1000万〜3000万円のマーケティングコストをかけて、回収できる印税が750万円です。一見するとまるで話になっていません。そんなことを続けていてはすぐに会社が潰れてしまうような気がします。

ではなぜこんな手法が使われているのか、と言うと多くの著者にとっては出版は「印税を稼ぐ手段」ではなく「投資」であるからです。

出版の知られざる広告効果

ビジネス書をよく読む方はご存知かと思いますが、ビジネス書の著者というのは、たいていが投資家や経営者です。それはつまり、本業は別にある、ということです。

例えばスマホアプリを作っている会社の経営者が本を出し、その本が5万部売れたとすれば、5万人がその著者のことや会社のこと、さらには商品であるアプリのことを知ってくれると言うことになります。

1冊の本というのは、当然ですが新聞広告1ページや、30秒のテレビCMと比べて圧倒的に情報量の多い媒体です。また、それを目にする人は、テレビCMを見る人と違って、「その本に興味を持って手に取り」「1500円というお金と数時間という時間をかけて読んでくれた」人ということになります。

これはただCMを流し見している視聴者に比べて、圧倒的に質の高い潜在顧客であると言えるでしょう。このような、自社にとって質の高い顧客に対してアプローチする手段として、経営者たちは本を出版するわけです。

経営者だからこそ出版する意味がある

すなわち著者は「本を売るため」に3000万円を出しているわけではなく「自社

や自社製品のマーケティングのため」に「テレビCMを作ったり、商品の広告を出すつもりで」3000万円を払っているわけです。当然会社規模にはよりますが、自社の広告やマーケティングのための額としては、1000万〜3000万という金額は、決して目を疑うほど高額というわけではありません。

その上750万円という印税が「おまけ」としてキャッシュバックされるなら悪くないな——経営者たちにとっては印税とはその程度の感覚のものなのです。

当然、このようなマーケティング手法が使えるのは、書籍の裏にそれとは別の自社製品を持つ経営者がほとんどです。したがって必然的に本の種類としてはビジネス書や自己啓発書にこういった手法によってベストセラーとなるケースが多いのです。

専業の絵本作家が3000万円を使ってベストセラーを出したところで、利益は見込めません。これが出版業界においてビジネス書ばかりが比較的好調であるカラクリです。

8 インフルエンサーが活躍する「意味」

時代を動かすインフルエンサー

出版におけるマーケティング手法として、もう一つ語らないわけにはいかないものがあります。それがインフルエンサーマーケティングです。

インフルエンサーとは、世間に対する影響力が強い人を指す言葉で、最近は「ネット上での有名人」という意味合いで使われることの多い言葉です。ツイッターやインスタグラムのフォロワー数が多かったり、ユーチューブのチャンネル登録者数が多かったり、といった人たちです。

近年の出版界では、**こういったインフルエンサーによる書籍がヒットすることがよくあります**。そもそも「インフルエンサーマーケティング」という言葉が存在する通り、インフルエンサーという存在はマーケティング的に非常に強大な力を持っています。

ここでもやはり、出版社がインフルエンサーの持つマーケティング力に頼っているという構図が垣間見えます。

企画力の時代は終わってしまった

多くの人は「おもしろい本が売れる」と考えていると思います。言うなればその本の企画力で勝負している市場である、という認識ですが、正直なところ出版が企画力の勝負だったのはバブル期頃までの話です。

もちろん、現代においても企画や内容のおもしろさが不要ということはありません。それらは当然必要ですが、ただ「おもしろい」とか「役に立つ」だけのコンテンツは書籍以外にもたくさんあるわけです。しかもインターネットコンテンツであればその多くは無料で入手することができます。

そんな時代に企画力で勝負していては、それらインターネット等のコンテンツに勝てない時代になっているため、「本の売り方」「マーケティング力」で勝負しなければならない、というのが現代の出版業界です。

経営者たちが自社のマーケティングのために出版を使うのと同様に、出版そのものもマーケティング力で勝負しなければならない時代である、ということがインフルエンサーたちの活躍からも見て取れます。

内容は大前提

繰り返しになりますが、内容が悪くても良いということはありません。**内容が良いのは大前提で、「その良さをどうやって伝えれば良いのか？」**ということなのです。

そしてこれは、あらゆるビジネスに共通することだと思います。飲食店の売上が、味の良さと完全に比例するわけでないことは簡単にイメージできるのではないでしょうか。

本書は出版の裏側というこれまで語られなかった業界におけるマーケティング手法をすべて語りつくしてしまおうという本です。

皆さんが普段目にしている口コミやランキングがどのようにして作られてきたのか？ そういった業界裏話を、純粋に興味本位で読んでもらうのも良いでしょう。マーケティングの重要性やそのノウハウを学ぶために読んでいただいてもかまいません。

それぞれの目線から知っておくべきマーケティング

もし皆さんが経営者であるなら、ご自身の事業を伸ばすための有効な手段として出版マーケティングが使えるかもしれません。

ぜひこの本で「ベストセラーは再現性のある方法で作ることができる。そしてそれによって自身のビジネスを伸ばすことができる」ということを実感してみてください。

あるいは、「自分の本を出すのが夢なんだ！」という人もいるかもしれません。お金を使ってベストセラーを作る、というのが本書の趣旨ではありますが、お金がなければベストセラーが作れないという意味ではありません。

ただ本書で説明しているような出版の仕組みや、マーケティングの考え方を知っておくことは絶対にプラスになります。本書から出版に必要なエッセンスを吸収すれば、個人で本を出すことも夢ではないでしょう。

皆さんの置かれた立場それぞれの目線から「ベストセラーの値段」を見定めてもらえれば、と思います。

第2章

投資としての出版ビジネス

1 本を1冊出せば「先生」になれる

出版のビジネス的価値とは

第1章ではざっくりとした出版業界をとりまく状況、そして経営者たちが自社のマーケティングコストとして数千万円というお金を「投資」してベストセラー本を作り上げているという話をしました。

この章では「そもそもベストセラー著者となること、もしくは本を出版すること自体に、ビジネス的な意味があるのか？」ということを詳しく解説していこうと思います。

「**出版のメリットって何？**」と聞けば、出版に携わっていない多くの人は印税、と答えるかと思います。ただ、現在の出版業界において印税がその人のライフスタイルを変えるほどの額になることはまずないだろう、というのは第1章でお伝えしました。

次によくありそうなのが、思い出作りとか、世界に発信したいメッセージがある、といった自分の内面にある欲求を満たす類の理由です。これは実際の著者の方々の口からも出てくる理由ですし、1冊の本を作るという大変な作業を行うための重要なモチベーションにもなります。

とはいえ、ビジネスとして「投資」をする理由にはなりません。では、出版をすることでどんなビジネス上のメリットがあるのでしょうか。

著者＝その道の専門家である

1つは「ブランディング」です。作家のことを「先生」と称することがありますが、要は本を1冊出しただけで、まわりからは「先生」と見られるようになるわけです。

どんな業種であれ、今の時代競合がまったくいないビジネスというのはほとんどないと思います。そうなれば「自分の持っている商品やサービスが、競合他社とどう違うのか？　どこが優れているのか？」を消費者に適切にアピールすることが何より重要となってきます。

その一方で、インターネット全盛のこの時代。個人事業主ですら自身のブログやホームページによって、自分の商品やサービスのアピールをしまくっているわけで、消費者からすれば圧倒的に情報過多となっているわけです。

いくら「うちの製品はここが優れているんです」「私のコンサルティングはこんな効果があります」と声高々に説明したところで、肝心の消費者からすれば違いがさっぱりわからない。

そこで重要となってくるのが「信用」です。説明を聞いても本当に何が良いかはよくわからない、それどころかその説明が本当なのかどうかも判断つかない、そんな中で**最終的に消費者がお金を落とすのは「信用できる人」**です。

この人が言っていることは正しいに違いない、この人の作ったものなら良いものに違いない、そう思ってもらえるだけの価値が自分にあるかどうか？　それがビジネスの成否を分ける時代になっています。

そう考えた時、書籍を出している、ということの効果は絶大です。本を出している人＝その道の専門家である、これはほとんどの人が幼少期から自然と刷り込まれている価値観と言って良いでしょう。

ハロー効果によって本当の資産に光を当てる

このような価値観が発揮されることを「ハロー効果」とよびます。ハロー効果とは、人を評価する際に、なにか１つの特徴的な性質に引きづられて、他の点における評価が影響されてしまうことを指す言葉です。

例えば「ビジネスで成功するならこうしろ！」という内容を発信する際は、従業員

50人の会社の社長が言うよりも、一部上場企業の社長が言っているほうが説得力を感じると思います。

一方で、ほとんどの人にとっては、従業員50人の会社の成功ノウハウのほうが、実際は役に立つかもしれません。しかし「一部上場」という肩書によって、「その内容の妥当さ」だとか「発言としてのおもしろさ」といった部分の評価も上がるわけです。

逆に言えば肩書がまったくなければ実力通りの結果を得ることが難しい場面もあるということです。

圧倒的な知識と問題解決能力を持ったコンサルタントであるにもかかわらず、肩書がないがために受注を取れない、そんな状況はそこかしこに存在しています。

そこに「先生」「その道の専門家」という、一般的に非常に信頼度が高いとされる肩書を加えることができるのが出版なのです。

著作のある先生、という肩書きが、まるでその人の背中から光が差しているように、見る者の行動に影響を与える心理傾向が「ハロー効果」（背光効果）です。

だから自分の持っている能力、商品の素晴らしさを有効に伝えるための肩書として、多くの経営者が「出版」という方法を選んでいるわけです。

2 書籍は優秀な営業マンである

ターゲットを絞った広告

肩書やブランドが得られるというのは、あくまでも間接的な効果ですが、書籍には直接あなたの商品を売ってくれる広告効果もあります。

インターネットの世界でポピュラーな広告の一種として、リスティング広告というものがあります。例えばあなたがGoogleで「引っ越し業者」と検索した時、普通に検索にヒットするページよりも上に「広告」として引っ越し業者のページが出てきたりします。このリスティング広告は、その検索ワードで検索した人、すなわちそのワードに興味がある人に対してだけ広告を表示できるという面において、無差別に情報をばらまくテレビＣＭやチラシよりも優れているとされています。

これと同じことが書籍にも言えます。**その本を読む人というのは、数ある本の中から、わざわざあなたのその本を選んだわけです。**その内容に興味があることは明々白々でしょう。さらには無料のインターネット検索と違って、１５００円程度のお金を払い、しかも読むのにも2時間程度の時間がかかります。これだけのリソースを割いてまで、そこに書かれている情報を知りたいと思っているわけですから、マーケティング的には優良顧客である可能性が非常に高いと言えるわけです。

これほど情報量の多い広告は他にない

また、第1章でも簡単に触れましたが、書籍というのは通常の広告やＣＭと比べて圧倒的に情報量が多い媒体です。

自分やその商品にある程度の興味を持ってくれているお客様に対して、2時間かけてじっくりと自分やその商品の説明ができるわけですから、これは単なる広告というよりも「優秀な営業マンが丁寧に営業をしている」くらいの効果があるわけです。

自分の考えを売る商売は特に効果抜群

これは特に、コンサルティングや不動産投資のアドバイスをしている、といった「自分の考えそのものを商品としている」ビジネスと相性の良い性質です。

いくら自分の書籍であるとはいえ、「うちの会社で作っている冷蔵庫の素晴らしさ」を1冊長々と書くわけにはいきません。

一方で「どうやればビジネスがうまくいくのか?」「どんな不動産を買うべきなのか?」といった内容は、それそのものが書籍のテーマとして成立します。そこで十分に読者を納得させる内容を展開できれば、本を読み終えるころにはその読者はあなたのことを「信用」しきった状態になります。

もっとこの人の話を聞きたい、この人にアドバイスをもらいたい、そう思ってくれれば、そのままあなたのビジネスのお客様になってくれるわけです。そういう意味では、クリニック（病院）等の、「サービスの違いが見えづらく、信用によって集客力が変わるビジネス」においても出版マーケティングは効果を発揮するでしょう。

3 求人広告よりも質が高い!?

あなたの下で働かせてください！

本を出すことで信用が高まったり、広告になったり、というのはビジネスに詳しくない方でもなんとなくイメージがつくと思います。

その一方で少し意外な効果というのもあります。**それが求人効果です。**書籍を読んだ読者から「ぜひあなたの下で働かせてください」と連絡をもらうことがあるのです。実際に私も、そうやって連絡をくれた方を何人か雇っています。

もちろん、大手の求人サイトで募集するのと同じように大量の応募があるわけではありません。しかしここで注目してほしいのは、書籍経由で応募してくる人たちの

「質」です。

あなたの中身に惹かれた人が来る

一般的に、求人サイトなどで仕事を探している人というのは給与や福利厚生、家からの近さといった条件を考えます。もちろんこれは当たり前のことですし、これがいけないというわけではありません。

一方で経営者からすると、こういった条件面に惹かれて応募してきた求職者というのは、その人のやる気であったり、自分や会社の考え方との合致度といった要素を測るのが難しい部分があるのも確かなのです。

では、書籍から応募してきた人はどうでしょうか。書籍にどんなことが書かれているかはその本次第ですが、もしあなたが本を書くならどんな内容にするかを想像してみてください。おそらく、

・あなたのビジネスモデル
・あなたが社会に対して発したいメッセージ
・生きていく上であなたが大切にしている信念

といったことが書かれているのではないでしょうか。ということは、その本を読んで応募してきた人というのは、あなたのビジネスモデル、あなたの発したメッセージ、あなたの信念に対して、共感し、魅力を感じ、「この人の下で働きたい！」と思った人ということになります。

もちろん、それだけでは能力面など、わからないことはあります。そういった審査等は当然するとしても「第一次選考」の内容として、ただ条件や立地を見て応募してきた人とはレベルの違う存在であることは想像に難くありません。

またいざ採用した場合も、基本的なビジネスモデルであったり、あなたがビジネスをする上で大切に考えていることをすでに知っている状態なわけですから、一般企業が新卒社員にする「わが社の社訓は……」などという研修に無駄な時間を割く必要もなくなるわけです。

ただの労働力ということではなく、一緒に会社を作っていける重要な人材を発掘したいという企業、少数精鋭で結果を出したいベンチャー系の企業などにとって、出版というのは大手求人サイト以上に価値ある求人方法となりえるのです。

4

案外知られていない「節税」効果

広告宣伝費は節税になる

ここまで出版がビジネスに与える効果を説明しましたが、経営者や個人事業主など、自身のビジネスを持っている人以外は少しピンと来ないかもしれません。「なんとなく意味があるのはわかったけれど、そんなことに何百万円も出すものなの？」と思われた人もいらっしゃるのではないでしょうか。

企業が広告を出すのは、当然会社や商品をプロモーションする意図があるのですが、補助的な意味合いとして節税という要素もあります。

例えば２００万円で仕入れたものを１０００万円で売った時、その差額が利益となります。この利益である８００万円に対して税金が課せられるわけですが、その時その商品を売るために出した広告は利益から減算されます。
おおざっぱに言ってしまえば、200万円で仕入れたものを300万円の広告を出して1000万円で売った、となると

1000万円（売上）－200万円（仕入）－300万円（広告）＝500万円（利益）

となるわけです。税金は基本的には利益に対してかけられるため、広告費を使っているほうが払うべき税金が減ることになります。

多くのビジネスにおいて、仕入のタイミングは自由に決めることができません。一方で広告を出すかどうか、というのは比較的いつでも自由に決定することができます。そこで多くの企業は、「今年はちょっと利益が出すぎちゃったから、このままだ

と来年の税金が高くなりすぎるな」というタイミングで広告を出して利益を調整したりするわけです。

広告である以上出版コストも当然……

非常にざっくりとした説明ではありますが、これが企業における節税の考え方です。そして書籍の出版にかかるコストも、その企業の事業を宣伝する目的である場合は広告宣伝費として計上することができるのです。

書籍を売るために出す広告費はもちろんのこと、このあとご紹介する**コンサルティング出版にかかる「出版するための費用」に関しても、それが事業の宣伝であるなら経費と考えることができます。**

もちろん、節税を第一の目的として本を出す、というわけではありませんが、ある程度の年商がある会社であれば、**節税効果も込みで考えた場合に１０００万円程度の投資をすることはおかしな話ではない**のです。

どのくらいの会社規模なら効果がある？

同じ1億円の売上であっても9０００万円の仕入が必要なビジネスにおいては広告費をかけることは難しいですし、仕入がほとんどないビジネスであれば3０００万円の投資をすることでもできるでしょう。

このようにビジネスモデルによってかけられる広告費は大きく変わってくるため一概には言えませんが、これまで私がコンサルティングをしてきたクライアントを見た限りでは、年商が3０００万円くらいから出版マーケティングを視野に入れる人が出てくるような印象です。

仕入が少ないビジネスモデルであればこのくらいの年商でも5００万円で「著者と言う肩書を手に入れる」、1０００万円で「1万部の成功を目指す」といった選択肢が出てきます。これが1億くらいになると、いよいよ2０００万、3０００万と使ってベストセラーを作りにいける、といったところでしょうか。

年商３０００万円くらいであれば個人事業主であっても稼いでいる人はいらっしゃるでしょうから、出版マーケティングの恩恵を得られるビジネスマンというのは案外少なくないのです。

広告費を払えるところが負担する仕組み

「広告宣伝費が節税になりえるという理屈自体は出版社にも通用するのでは？」と思われた方もいらっしゃるかもしれません。もちろんそれはその通りですが、第１章で説明した通り、広告費にばんばん投資できるような利益を出している出版社はほとんどありません。

そう考えれば「売上が少ないからできるだけコストを抑えたい出版社」がノウハウや流通網といったインフラを提供し、「売上が伸びているからさらに投資して大きく伸ばしたい新進気鋭の企業」が広告費としてお金をかけて出版する、というのは良く言えばＷｉｎ－Ｗｉｎのビジネスモデルであるということになるかもしれません。

5 出版マーケティングを行うべきビジネスは？

自分の商品があるかどうか

出版のバックエンドに自分の商品を持っており、その商品のマーケティングとして投資してまでもベストセラーを作る、これがビジネス書の世界でベストセラーが生まれる仕組みであるということを説明してきました。

では具体的にどのようなビジネスを持っていれば、この出版マーケティングが有効なのでしょうか。もちろん、本質的には**あらゆるビジネスにおいて「著書がある」というブランド価値はプラスになりえます**が、それが特に大きいのは不動産、コンサルタント、セミナーや講演活動、ウェブビジネス、クリニックの5種類だと思っています。1つずつご説明していきましょう。

・不動産業

不動産の売買や仲介などで収益を得ている人というのは、出版マーケティングの効果が望みやすい典型的な例と言えます。

理由は簡単で、不動産というのは１取引あたりの動く金額が大きいのです。例えば自分が喫茶店を経営していて、そこに人を呼びたいと思った場合、出版に１０００万円を投資したとして、一杯５００円のコーヒーで元を取ろうと思ったとしたら（コーヒー本来の仕入費用等を無視したとしても）２万杯を売らなければいけません。なかなか途方もない話です。

一方で不動産であれば、物件が１つ売れたら簡単に１０００万くらいペイできてしまいます。

内容が「おいしいコーヒーの淹れ方」であっても「絶対稼げる不動産投資術」であっても、書籍の発行部数がそう何倍も違うということはないでしょう。すなわち、その本を手に取る人の人数は同じくらいです。

もちろん、コーヒーを飲みにいくのと不動産を買うのとではハードルの高さが大きく違うわけですが、それでも「数千人の読者の中の1人でも買ってくれたらペイできる」というのは大きな魅力です。

その分野に興味がある人に対して、ディープな話で営業をできる、という性質上、多少高価な商材だからと言って箸にも棒にもかからない、とはならない点も書籍マーケティングの特徴です。

そう考えれば、**数十万円~数千万円という高額商材を扱うビジネスを行っている人は、ぜひ一度出版マーケティングを検討してみるべきです。**

・コンサルタント

コンサルタント、と一口に言っても内容は様々ですが、数十万円~数百万円くらいのコンサルフィーを設定していることが多いでしょう。そういう意味で、不動産ほどではないものの出版にかかった投資費用を取り返しやすい分野と言えます。

そして何より、**コンサルタントというのは「自分の考えを売る職業」であり「信用がなければ成立しない職業」**であるという点が、出版マーケティングと相性が良いのです。

自分が顧客として、この人のコンサルティングを受けたい、と思うのはどんな時か考えてもらうとわかりやすいかと思います。その人の持っている知識や理論に圧倒されて「この人に任せれば自分は成長できるに違いない！」と感じた時ではないでしょうか。そこには信用があります。

書籍というのは、そのあなたの知識や理論を十分に披露する場です。それを読んだ人の中には、その内容に納得する人もそうでない人もいるかもしれません。しかしその納得した人、というのは間違いなくあなたを一流のコンサルタントとして信用した状態になります。

前に、**「本を出している」という肩書だけである程度の信用が得られる**と書きました。もちろんその効果も大きいのですが、実際に本を読んで、その内容に感銘を受けた読者があなたに抱く信用はそんなものではありません。

このような信用というのは、リスティング広告やテレビCMで得ることが難しいものであり、「思考と信用」を売るビジネスにとっては出版マーケティングというのは唯一無二の武器になりえるものなのです。

・セミナー

コンサルティングに近い商材としてセミナーや講演会というのも書籍とは相性が良くなります。本を読んで「この人の考え方に感銘を受けた！」となれば実際に会ってさらに深い話を聞きたいと思うのは自然な流れです。本の売上に比例するように、セミナーや講演会への参加者は増えていくでしょう。

また、コンテンツとしても「出版記念セミナー」などとすれば、内容を一から考える必要がなくなるという利点があります。もちろん、書籍とまったく同じことをしゃべるわけにはいきませんが、少し具体例を付け加えたりして書籍の内容をさらに深掘りします、ということなら参加者も満足しますから問題ありません。

一時期メンタリストとしてテレビに引っ張りだこになり、今ではビジネス書作家として大活躍中のＤａｉｇｏ氏は、毎週のように講演会を行い、年間で１億円以上の収益が出ていると本人が語っています。(Mentalist DaiGo Official Blog「汗をかかずに年収６億〜３００万講演の秘密」https://daigoblog.jp/secret_300lecture/)

本を１冊書き上げるというのは大変な作業ですし、そこに書かれているノウハウや信念というのは、著者が長年にわたるビジネスの中で試行錯誤して作られたものです。それを１冊の本だけで終わりにせず、そのあとの講演会やセミナーも使って最大限の収益を生み出すというのは非常に合理的な手法です。

・ウェブビジネス

ウェブマーケティング関連の仕事や、アフィリエイトなどで稼いでいる人がさらに事業を拡大しようと考えた場合も出版マーケティングが有効となる場合があります。

これらのビジネスは、仕入がほとんどないことが多いため利益率が高くなるのが特徴です。例えば年商３０００万円くらいの事業規模であっても、そのほとんどが利益となるため、出版に投資することが可能となってきます。

ではそうすることでどんなメリットがあるか。これは少し書き方が難しくなってしまうのですが、こういったウェブ系のビジネスは、その内情を知らない一般人からすると「怪しい仕事」と思われがちです。私がそう分析している、ということではなく、実際にそういった理由で相談にこられるウェブ系ビジネスの方が多数いらっしゃるのです。

もちろん、やっていることに問題がないならばそんな風評は気にしなければ良い、という考え方もありますが、例えばＢtoＢのビジネスを新たに展開したいなどと思った場合に問題となったりします。そうでなくともネット上での風評被害というのは社会現象と言ってもいい問題ですから、頭を悩ませている人は多いでしょう。

こういった批判のほとんどは、新しいビジネスモデルを理解できない旧態依然とした考えの人たちの中で起こります。**「高額の情報商材を売るなんて詐欺に違いない」「ア**

フィリエイトってステマでしょ？」といった、理解不足からくる拒絶をしてしまう人は一定数いて、このような風評被害を受けてしまうのは一種「新しいビジネス」にとっての通過儀礼のようなところもあります。

そこで書籍を出版することによって得られる「先生」という肩書が生きてくるのです。そこからあなたのことを知ってくれる人というのは、まず第一に「本を出している先生」という目であなたのことを見る上に、書籍の中身で十分にあなたのビジネスモデルや信念を理解してくれるため、先述のような理解度不足に陥ることが少なくなります。

「ウェブビジネス＝怪しい」というデジタルアレルギーに対して、書籍というアナログなコンテンツを投下することで対処できるというのはおもしろい現象です。

・クリニック

病院（診療所）や歯科クリニックといった業種も、出版マーケティングの効果が狙えるビジネスです。

これらのビジネスは、景気の影響をあまり受けず、常に一定以上の利益があるため、投資しやすいことが多いと言うのがまず1つ。

さらに、患者さんが「どこの病院にいくべきか?」となった場合、他の業界と違って価格競争になったりすることが少ないため「信用」で集患(=病院における集客)力が大きく変わってきます。

書籍によって集患が見込めたという事例は多く、比較的新しいこのマーケティング手法の中でもデータ的な裏付けがすでに強くなされている業種であると言えます。

医療に関する知識や情報というのは専門性が高く、それでいてほとんどの人が興味のあるものです。クリニックにとってのブランディング効果が高いのはもちろん、書籍としての売上も期待できるジャンルで、本業と出版との親和性が非常に高くなりやすいというのも、この業種における出版マーケティングがうまくいきやすい要因となっています。

6 書籍×クラウドファンディング

2億円以上集まる例も

近年、書籍にかかる費用をクラウドファンディング（＝インターネットを用いて、不特定多数に対して資金提供を呼びかける仕組み。たいていの場合は、募集した側が資金を提供してくれたユーザに対して何らかのリターンを用意する。）で賄うという手法も一般的となりつつあります。

有名なところでは、今や国内最大規模のオンラインサロンオーナー、絵本作家など、ビジネスでの活躍が目覚ましいお笑い芸人の西野亮廣氏が、自身の絵本作品『えんとつ町のプペル』（幻冬舎）をクラウドファンディングによって賄ったことが話題になりました。

こちらはマーケティング費用というよりも、製作費用の捻出を目的としたものですが、1000万円の支援を受けることに成功しています。その他にもその絵本の個展を開くためのクラウドファンディングなど、計8回の募集で累計2億円以上の支援を集めており、自身の作品を世に広めるためのコストを回収する、という意味においてクラウドファンディングが十分に活用しうるものであることが伺えます。

「価格自由」という新手法

より本書の趣旨に近いクラウドファンディングの運用例としては、買取アプリ「CASH」、後払い旅行サービス「TRAVEL Now」などの開発で成功を納めたIT実業家光本勇介氏の書籍『実験思考』（幻冬舎）が革新的な試みをしています。

この書籍、普通サイズのビジネス書なのですがなんと価格が390円。これは紙の印刷などにかかる原価のみで、それらのコストがかからない電子書籍版に至っては０円で販売されています。

ここまで本書を読まれてきた皆さんであれば、経営者である光本氏がこの本の印税をアテにしているわけではないということは理解いただけるでしょう。ですが出版社はそうはいきません。利益が０では本を作る意味がないのですから（実際にはそこに関わる人件費の分だけマイナスになります）。

ではどうやって利益を生んでいるか、と言うとそれがクラウドファンディング。この書籍では「価格自由」を謳っており、読み終わった読者がこの本に感じた価値の大きさに応じて自由な値段をクラウドファンディングを通して支払ってくれれば良い、としています（価格自由実験レポート https://jikken-shiko.com/QR/report/）。

実際には**支払う額に応じて、限定公開の動画が見られたり、米本氏との打ち合わせを行う権利が付与されたりします**。こういったリターンを目当てに支援した方も多いのでしょうが、それでもこのクラウドファンディングは、出版後１カ月半で１億円を集めました。

1冊1500円の通常のビジネス書が売上1億円に達するには単純計算で、6万6666部を売る必要がありますから、これはベストセラーと言って良い数字です。

クラウドファンディングには「信用」が必要

では普通の人が、このクラウドファンディングで資金を集めることでベストセラーを作れるか、と言うとそれは難しいでしょう。

クラウドファンディングの先駆者とも言える西野亮廣氏は、自著『革命のファンファーレ　現代のお金と広告』（幻冬舎）の中でこの資金集めの手法のことを「信用を換金する装置」であると言っています。その人の活動を通して、多くの人がその人に対して信用を持つ、これは例えば**「西野氏の作る作品ならおもしろいに違いない」**、**「光本氏の作り出すイノベーションを見てみたい」**、そんな感情を人々に抱かせることができているからこそ、クラウドファンディングでお金が集まるわけです。

西野氏は同時にただ名前が知られているだけの「認知度」だけの芸能人は信用がないためこういった手法は使えないと解説していますが、逆に言えば少なくともある程度認知され、その上で信用されている人でなければならないということです。

「信用」が先か「お金」が先か

「信用」という言葉は本書でも何度か使っています。そう、著書を出すメリットこその「信用」を稼ぐためにあるのです。信用を得るために本を出そうとしているのに、そのための費用を稼ぐクラウドファンディングに信用が必要、というのでは本末転倒です。

もちろん今現在の活動によって、例えばユーチューブ配信でそれなりの数のファンを抱えているであるとか、メルマガの登録者が10万人以上いる、といったように一定以上の信用を勝ち得ている人ならば、クラウドファンディングという手法を検討する価値もあるでしょう。

もしくは、著書を2冊、3冊と出版して、「この人の本はおもしろいな」と思ってくれるファンが増えたタイミングで、クラウドファンディングで次の書籍のための支援を募集する、なんていう手はあるかもしれません。

「信用」は現代マーケティングの重要ワードである

この信用というフレーズは昨今のビジネスシーンでも特に耳にすることが増えてきたものではないかと思います。例えば、先述の西野氏の書籍『革命のファンファーレ現代のお金と広告』（幻冬舎）では、インフルエンサーが紹介した商品が売れる理由として、テレビCMよりもその人の言うことのほうが信用できる、と感じるファンをたくさん抱えている、すなわち信用を得ているからであると説明しています。

今現在の自分が、今ある信用を使ってビジネスを伸ばす段階なのか、それともビジネスのためにここから信用を築く段階なのか、と考えれば進むべき方向が見えてくるでしょう。

第3章

作られたベストセラーたち

1 最終的にはお金をかけなくても売れる

現代ビジネス書市場の頂点はふたり

現在のビジネス書市場が、マーケティング手法の確立によってにわかに活気づいている、という話を第1章で解説しましたが、2019年現在その頂点に君臨していると言って良いほどの活躍をしているのがホリエモンこと堀江貴文氏と、メンタリストとしても知られるＤａｉｇｏ氏です。このおふたりはほぼ毎月のように何らかの書籍を出しています。

部数的にもコンスタントに3万部程度は出ているでしょう。最初にベストセラーの定義として1万部でそこそこの成功とお伝えしましたが、3万部の売上がほぼ確実に見込めるとなれば出版社からすれば彼らの本を出して損をすることはまずないということ。

その上で、時に10万部とか30万部というヒットになる可能性もあるわけです。これはもう負けることのないギャンブルのようなものですからどこの出版社も「ぜひウチから本を出してください！」となるのです。

Ｄａｉｇｏ氏などは出版オファーが多すぎて捌きれないので、印税率が高い出版社から順に依頼を受けていると自身の運営するニコニコ生放送やテレビ番組等で語っており、今では16％の印税を受け取っているそうです（ニュースサイトしらべぇ『メンタリスト・ＤａｉＧｏ、年６億円を荒稼ぎする「悪賢い」ビジネス戦略を激白』https://sirabee.com/2018/07/30/20161731218/より）。通常の印税がせいぜい10％であることを考えるとこれは破格で、出版社からするとそこまでして「本を出してほしい存在」であるということがわかります。

第１章で説明した、出版社の企画会議を通すために著者が自己買取をするケースとはまるっきり逆と言えます。プロモーション的にもこのレベルに達すれば広告費などのお金をさほどかけなくても勝手に売れていきます。

そんなふたりも最初はベストセラーを「作っていた」

ベストセラーが「勝手にできる」と言っても良いほどの活躍を見せるふたりですが、何もせず最初から売れていたわけではありません。

堀江氏はご存知の通り、２００６年証券取引法違反によって逮捕されています。いわゆるライブドアショックです。それまではフジテレビ買収、プロ野球参入といった話題を振りまき、経営者として圧倒的な知名度と資金力のあった堀江氏ですが、ここで一度すべてを失ってしまいます。

もちろん、それでも普通の人よりはお金を持っていたはずだ、なんていうことを言う人もいますが、少なくともそれまでの、日本経済の最先端を突き進んでいるような立場ではなくなってしまったわけです。

それが今では、出版業界での活躍だけではなく、日本最大規模のオンラインサロンやユーチューブチャンネルの運営で収益を生んでおり、さらにはロケット事業をはじめとした様々な革新的な事業に、まさに「多動力」をもって精力的に取り組んでいます。

一度すべてを失った状態から、今の「第二の全盛期」と言える状態まで上り詰めたきっかけとなったのが**40万部を超えるベストセラーとなった著書『ゼロ』の出版です。**

当時の堀江氏というのは、資金や立場を失ったとは言っても、その能力やカリスマ性といった本人の資質については疑いようのない逸材です。その逸材を放置しておくのはもったいない、とばかりに出版業界のプロデューサーが戦略的に作り上げたベストセラーが『ゼロ　なにもない自分に小さなイチを足していく』（ダイヤモンド社）なのです。

最初は第1章で簡単に触れた（詳細は第5章にて解説します）書店買取といったプロモーションも行っていたと聞きますが、この『ゼロ』が40万部のヒットになったことで、堀江氏は一躍「すべての出版社が本を出したい著者」になりました。40万部売れたあとならば、多少不調でも数万部は売れるだろう、という判断をどこの出版社もするわけです。

そうして様々な出版社からのオファーを受け、毎月のように本を出すことでビジネスの専門家という「肩書」と、そのメッセージに共感したファンたちからの「信用」を築くことができました。

西野亮廣氏はクラウドファンディングと同じくオンラインサロンもまた「**信用をお金に換える装置である**」と言っていますが、出版によって得た信用を、オンラインサロンを用いてうまくお金に換えることができたことで、様々なビジネスをする現在のホリエモンができあがったと言うことができるでしょう。

出版→文化人→ビジネスという黄金ルート

出版によって文化人タレントのような位置を確保し、そこから活動を広げることでさらに知名度が増して本が売れる。そうなるとさらにメディア露出が増えたり活動の幅が広がっていき……という好循環が生まれるのです。

もうひとり、このルートに乗って立場を確立したのがＤａｉｇｏ氏です。彼はもともとメンタリストという肩書で、テレビ番組、それもバラエティ番組などへの出演が主な活動でした。あまり知られていませんが、もともと彼のメンタリストとしてのメンター（師匠）は出版業界に精通した人物だったそうです。その縁もあって旺盛な出版活動へと舵を切ったのでしょう。

はじめの段階でどこまでを計算していたかはわかりませんが、テレビで得た知名度と信用で最初の書籍をベストセラーにしたことで、堀江氏と同じ好循環を巻き起こしていったＤａｉｇｏ氏は、講演会やアプリ開発企業のコンサルティングといったビジネスに軸足を移していきます（ニュースサイトしらべぇ『メンタリスト・ＤａｉＧｏ、年６億円を荒稼ぎする「悪賢い」ビジネス戦略を激白』https://sirabee.com/2018/07/30/20161731218/ より）。今では「テレビに出なくても稼げるので問題ない」と本人が言ってしまうほど盤石なビジネス基盤を作り上げているようです。

これからも生まれ続けるであろうタレント像

堀江氏のオンラインサロンやＤａｉｇｏ氏の講演会のような、信用が必要なビジネスと出版の相性が非常に良いというのは第２章で解説した通りです。

この信用ビジネスと出版との相互作用で自分の価値を指数関数的に増幅していくというロールモデルはこれからも生まれ続けるでしょう。

最近で言えば「モテクリエイター」の肩書で、若い女性に対するインフルエンサーとして活動しながら、様々な事業を手がける経営者としての顔も持つゆうこすさんなども、この黄金ルートを意識しているかもしれません。

もしくは新たな職業として定着しつつあるユーチューバーの中でも、出版を使ったブランディングによってユーチューブというプラットフォームに依存しないより強固なビジネス基盤を作り上げる人が出てくるかもしれません。

2 火付け役となった『さおだけ屋はなぜ潰れないのか？』

「ベストセラーは1000万円で作れる」

著者がお金をかけてベストセラーを作り本業でその費用を回収する、という出版マーケティングの原型を作ったのが2005年に出版された『さおだけ屋はなぜ潰れないのか？』の山田真哉さんです。

この『さおだけ屋』は累計160万部を超えるベストセラー中のベストセラーですが、この時に著者の山田さんが行ったのが日経新聞への広告です。出版業界の人間としては今では当たり前となった広告出稿ですが、当時は「**著者が自分のお金で新聞に広告を出す**」ということにあらゆる業界人が驚きました。

そのあと山田真哉さんは「あの本は1000万円かけてベストセラーにした」とい

う発言をしたと言われていますが、その1000万円のほとんどが新聞広告ではないかと思います。（サイゾー premium『さおだけ屋〜』著者が語る「禁断のベストセラー製造法」https://www.premiumcyzo.com/modules/member/2009/06/1000/ より）

当時、本を出して「1000万円を稼ぎたい」と思う人はいても、本を売るために「1000万円を投資する」という発想の著者などほとんどいなかったのではないでしょうか。

したがってこのマーケティング手法は当時物議を醸しました。

再現性があり、メリットがあれば広まっていく

おそらく本書をお読みの皆様の感覚と近いと思いますが、当時はベストセラーというのは内容的に優れた超一流の書籍に与えられる称号であり、それをお金で作るというのは卑怯と言うか、出版人の本道ではないといった雰囲気がありました。

しかしそのやり方に再現性があり、ビジネスとしてメリットがあるのであれば広まっていくのが自由主義経済です。山田さんの手法を否定せず、素直に取り入れた一部の業界人がさらにそのやり方を発展、洗練させて今に至るというわけです。

その結果、今では1000万円というのは、出版時に使う費用として決してとびぬけて高額というわけではありませんし、当時ほど新聞の持つ影響力が大きくないため、お金の使い道も変わってきていたりはしますが、この『さおだけ屋』がパイオニアであることは間違いのない事実です。

もともと山田真哉さんは「ベストセラー作家になりたい」という想いがあったようで、この『さおだけ屋』の前にも『女子大生会計士の事件簿』シリーズで小説家としてデビューしています。山田さんの本業は公認会計士ですから、このような活動は異例で、そういう意味でもパイオニアであったと言えます。

3 インフルエンサーマーケティングのはしり

ファンをうまく使いこなした勝間和代さん

その山田真哉さんの影響を強く受け、自身の出版に取り入れて大成功したのが勝間和代さんです。

勝間さんはもともと**「書く努力の5倍、売る努力をしています」**と公言し（著書『ズルい仕事術』（ディスカヴァー・トゥエンティワン）より）、自ら自転車で都内の書店をめぐって営業をするなど、マーケティングを重視する姿勢が有名ですが、特にうまかったのがファンの使い方です。

当時勝間さんのような自立した強い生き方に憧れる女性、通称「カツマー」と呼ばれるファンが社会現象のように大量に発生しました。勝間さんはその自分のファンに対して、積極的に自分の本の内容やセミナーの内容をインターネット上にアップするよう呼びかけたのです。当時はまだツイッターすら今ほどポピュラーではない時代でしたが、ファンたちは読んだ本の感想や、セミナーでいかに感動したかというのをブログやミクシィでアップしだしました。

すると、もともとは勝間さんに興味がなかったその周辺の人までが彼女に興味を持つようになります。この構図は現代のSNSで「バズる」と表現される拡散現象に非常に似ています。それを今から10年前にブログを中心に巻き起こしたわけですから、彼女のビジネスセンスの鋭さが伝わってきます。

影響力の重要性を早くから理解していた

また彼女が巻き込んだのは一般のファンだけではありません。当時書評系ブロガーとして多大な影響力を持っていた小飼弾氏をはじめとする複数のブロガーたちに自分の書籍を宣伝してもらったり、その一方ではテレビにも積極的に出演し影響力を手に入れました。

影響力を持つ有名人に宣伝させる、自分自身が影響力を持ってファンを動かす、口コミの拡散によって信用を勝ち取る、これらは現代でこそ「インフルエンサーマーケティング」と呼ばれポピュラーになりつつある手法ですが、それを出版の世界で一番はじめに取り入れていたのが勝間和代さんなのです。

4 出版に「投資」するネオヒルズ族

リーマンショック後のビジネス理論を築き上げた

山田真哉さんの『さおだけ屋』が２００５年、勝間さんの書籍が爆発的に売れていたのが07年〜12年ごろ、この流れを受けて10年代にはいると、彼らの手法を真似て、ベストセラーを作り出す経営者が一気に増えはじめます。

00年代前半、いわゆるＩＴバブルと呼ばれる時代には、堀江氏や楽天の三木谷浩史氏、ＵＳＥＮの宇野康秀氏のようなヒルズ族が大勢生まれました。しかしそのうち、三木谷氏やサイバーエージェント藤田晋氏のような一流経営者を除く多くのＩＴベンチャーがライブドアショックやリーマンショックによって沈んでいったのが００年代後半から10年代前半のビジネスシーンです。世代交代の波が押し寄せるこの時代に、

「ネオヒルズ族」と呼ばれ一躍時代の寵児となった与沢翼氏も出版マーケティングを巧みに使いこなした経営者のひとりです。

当時こういったＩＴベンチャーのマーケティング手法というのはＳＥＯ（Search Engine Optimization ＝検索エンジン最適化。インターネットで特定ワードを検索した際に、自社のサイトが上位表示されるよう工夫すること。）が中心で、その他にフェイスブック等のＳＮＳを使った手法が浸透しつつあったころでした。

もちろんこれらは非常に有効な手法ですが、コストがあまりかからないこともあり、大手から中小、はては個人までが取り組んでいます。これらの手法による集客が頭打ちになったところで彼らが目をつけたのが出版マーケティングでした。

出版の持つイメージアップ効果を最大限に利用

与沢氏はもともとアパレルの通販会社を経営していた人物ですが、２０１０年ごろからアフィリエイトをはじめとしたネットビジネスに力を入れるようになります。その経験を活かしたプロデュース業、コンサルティング業を本格化したのが２０１２年代の前半。同じく、ネットビジネスの専門家である小玉歩氏とともに、プロデュース一式を「ネット有名人完全プロデュースパッケージ」として１００万円以上の価格で販売したりしていました。

一般論として、インターネット上に掲載されている「絶対に稼げる方法」といった類の情報にはうさんくささが伴うことが多くあります。それが仮に、本当に再現性のあるビジネスノウハウだったとしても、顔も知らない名前も聞いたことがないような人が運営しているページであれば信用しづらいと感じる人が多いでしょう。

そこで有効になるのが出版です。「ネットを使って絶対に稼げる方法」と自分のブログに書くだけではうさんくさいと思われるだけだとしても、それが書籍になって本屋に並べば「ビジネスの専門家」になるのです。

もちろん、そう思う読者だけではないでしょうが、一定の効果があるのは間違いありません。特に彼らの場合は、書籍の表紙や帯に自分の写真を使い、電車の中吊り広告などを出すことでとにかく露出を増やします。そうすることで、与沢翼＝新しい手法で圧倒的に稼いでいる新時代の成功者、というイメージを作り上げるわけです。

本を読んだ人はもちろん、そうでない人でもホームページを見た時に、与沢氏の画像があれば「**ああ、最近話題の稼いでいる人か**」となります。少なくともそのページを運営している本人が実際に成功している、ということの証明はできており、これだけで第一印象はだいぶ変わります。

本質的なことを考えれば、インターネットの専門家であればインターネットだけをやっているのが普通で、アナログな媒体である書籍など出す必要はないわけです。けれど、書籍というはるか昔からあるアナログなコンテンツだからこそ、「本を出すのは立派な人」というイメージができあがっていて、人はその著者を信用します。結果として、新しいビジネス、デジタルなビジネスをしている人ほど、本を出すことの恩恵が大きいというケースが往々にして起こるのがおもしろいところです。

5
出版マーケティングの1つの完成形「ニューズピックスブック」

ビジネス書ブームを牽引する存在

堀江貴文氏『多動力』30万部、佐藤航陽氏『お金2・0』20万部、前田裕二氏『メモの魔力』40万部。（『マンガで身につく多動力』（幻冬舎コミックス）アマゾン紹介文、日本経済新聞2018/5/5付、前田裕二氏の2019/10/15ツイートより）

これらの本を読んだことがある人、書店で見かけたことがあるという人も多いでしょう。次々とこのようなベストセラービジネス書を生み出している、ビジネス書ブームを牽引する存在とも言えるプロジェクトがニューズピックスブックです。

ニューズピックスブックは、ソーシャル経済メディアであるニューズピックスと幻冬舎による出版レーベルであり、冒頭の書籍をはじめ毎月ビジネス書を出版し、その累計部数は現在130万部を超えています。

時代の流れを捉えた内容と、魅力的な著者の起用など、内容的な部分における評価が高いのは当然ですが、それだけではこれほどのペースでベストセラーを連発するのは難しいはずで、やはりその背景には洗練されたマーケティング手法があります。

5000万円で電車をジャック

ニューズピックスブックのおもしろい点は、著者が「お金を使ってベストセラーを作っている」ことを比較的オープンにしている点です。

例えば、『お金2・0』の著者である佐藤航陽氏は、自ら電車の中吊り広告をジャックしたいというアイデアを出し、そのためには5000万円必要で幻冬舎はこれまでにその規模の広告を出したことがないという旨を聞くと、その経費をすべて自腹で賄ったという記事が日本経済新聞（2018/5/5付「『お金2.0』佐藤航陽著　著者自ら費用負担し販促」https://www.nikkei.com/article/DGKKZO30081440S8A500C1MY5000/）で広く報道されています。

また第2章のクラウドファンディングの項目でご紹介した光本勇介氏の『実験思考』もニューズピックスブックの作品ですが、そのクラウドファンディングの特設サイト（価格自由　実験レポート https://jikken-shiko.com/QR/report/）には堂々と「¥0で本を提供するために光本がはじめに取ったリスク¥21，600，000」と表示されています。

このような著者の投資額を公にしてしまうのは、「お金でベストセラーを作るなんてなんか汚い」という従来のイメージから「マーケティングはビジネスにおいて重要でありそこにお金をかけるのは当然」という考えに転換してきた証左だと言えるかもしれません。

編集者がインフルエンサーという強み

ニューズピックスブックのマーケティング手法を語る上で外せないのが、編集を担当している箕輪厚介氏の存在です。箕輪氏は幻冬舎の社員として編集者をする傍ら、「箕輪編集室」というオンラインサロンを立ち上げその会員は1000人以上、企業のコンサルティングといった仕事もこなし、それら会社の外のビジネスで会社員としての収入の20倍を稼ぐと語るビジネス界の「インフルエンサー」です（著書『死ぬこと以外かすり傷』（マガジンハウス）より）。

普通、ビジネス書の著者というのはビジネスにおいて圧倒的な結果を残していたとしても、その名前は一般人にはあまり知られていないことがほとんどです。たいていは自分よりも会社や商品を有名にするのが仕事なわけですから当然とも言えます。

一方で本を売るには知名度や信用が必要であり、そのために広告を出したりするわけですが、ニューズピックスブックの場合はその「知名度や信用」を箕輪氏が持っている状態で企画がスタートします。

箕輪氏のツイッターのフォロワーは15万人以上。彼が普通に「今日はこんな仕事をしました」と日常のことをつぶやくだけで、それは**「15万人に対して書籍の宣伝をしている」**ことになります。

また、定期的につぶやくことで、その情報量は１つのチラシや広告を大きく上回ります。その本がどんな内容で、どんなメッセージが込められていて、読んだ読者にどんな変化をもたらしてくれるのか、これを伝えられる宣伝媒体というのはなかなか多くありません。

また、これは書籍に限らないことですが、基本的に世の中は**「売れているものがさらに売れる」**ようにできています。話題のヒット商品は手に取ってみたくなりますし、お店としても売れ行きの良い商品を目立つところに置こうと思います。

インフルエンサーとして影響力を持つ箕輪氏のフォロワーの中には、彼の編集した書籍なら毎回買う、という読者もいて、そういう読者が初動の売れ行きを押し上げることで、その後一般の読者の売れ行きにも好影響が出ます。この動きが毎回起こるわけで、これは非常に大きな強みであると言えます。

一流経営者である著者の広告費、インフルエンサーである編集者の影響力と読者からの信用、これらすべてを総動員したマーケティングによって、安定してベストセラーを量産することができるのです。

第4章

ベストセラーの作り方

~出版のやり方編~

1 本を出版したいと思った時にまず考えるべきこと

本を出したいなら自分から行動しろ

ここからは実際にベストセラーを作る上でどのような施策を打っていくべきか、またそれにはどのくらいのコストがかかるのか、という具体的な手法について解説していきたいと思います。

まず第４章では「本の出し方」についてお話しします。いくらマーケティングについて学んだところで、本を出せなければ意味がありません。

とはいえ出版業界に携わっていないほとんどの人にとっては出版の仕方というのは未知のものでしょう。芸能界のスカウトのようにある日突然「あなたの本を出したいのですが」というオファーが来ると思っている方も少なくないのではないでしょうか。しかしそのような待ちの姿勢では出版することはできません。

自費出版か商業出版か

出版には大きく分けて商業出版と自費出版という２つの方法があります。一般的な書店に流通している本は基本的に商業出版と呼ばれるもので、ここまでにご紹介してきた出版物も商業出版によるものです。

基本的には製作コスト（印刷代やそこに携わるスタッフの人件費など）は出版社が負担することが多く、著者はマーケティングコスト以外のコストは負担することはありません。

第1章で、本来出版物は出版社の商品であり、著者はコンテンツを提供する役割を担うと解説しましたが、この考え方が商業出版ということになります。それゆえその内容というのは、出版社の意向が強く反映されます。極論を言えば著者がこんな内容の本を出したい、と言っても出版社側から「それじゃ売れないからこういう風に変えてくれ」と言われることがあり得るわけです。

一方で自費出版というのは、自分がスポンサーとなって本を作ってもらう手法です。製作コストすべてを自分が負担しなければなりませんが、内容はすべて自分の好きなようにすることができます。

最大の違いは書店に流通するかどうか

この2つの出版方法、いくつかの違いはありますが、最大の違いは書店に流通するかどうかです。第1章で解説した通り、書籍と言うのは出版社↓取次業者↓書店という物流ラインによって店頭に並びます。

自費出版というのは本ができたら出版社から直接著者に渡され「勝手に売るなり、配るなりしてください」というものです。したがって書店に流通しないことがほとんどです。

例えば手売りや自身のＥＣサイトを使って売るという方法もあるため、とにかく自分の思いや主張を世間に発信したいんだ、という方は自費出版も良いでしょう。

しかし本書のテーマである「本業のマーケティング」という意味では、広く書店に広まることで、あなたのビジネスをまだ知らない読者の手に届けられなければ意味がありません。

そういう意味で**「出版マーケティング」に利用するという観点で見れば、商業出版をすることが目標**と言えますから、ここからはそれを前提にお話をしていこうと思います。

2 商業出版の流れ

企画を持ち込めば自発的に出版は可能

ではその商業出版というのはどうしたらできるのでしょうか。基本的に出版社というのは企画会議でどんな本を出すかを決定しています。この企画というのは、出版社側（主に編集者）が主導となって「今話題のこの人の本を出そう」と言って作られることもあれば、著者（志望者）側から「こんな企画を考えたから自分の本を出しませんか」と言って持ち込むこともできます。

当然、**企画会議では「その本が本当に売れそうか？」という観点でチェックが入る**わけですから企画を持ち込んだからといって出版にこぎつけるのは容易ではありませんが、これが出版のためにくぐらなければならない最初の関門です。

マーケティングコストを負担できればハードルは下がる

もちろんおもしろくて売れそうな企画を作る、ということがもっとも重要なことで、自分の強み、世間の流行、その出版社の傾向などを分析した上で**「通りそうな企画書」を作るスキル**が必要となります。

その上で、自分は本を売るためにこれだけのコストをかけて広告を出せます、とか最低何部は自分が売ります、といった提案をすることができれば、企画が通りやすくなるというのも事実です。

お金をかければ出版ができる、ということではなく、あくまでも出版社側のコストを軽減してあげることでハードルを下げることができる、という話です。

ここで解説している出版というのは、あくまでも自身の本業を伸ばすための経営者向きの「出版マーケティングのやり方」です。そういう意味ではコストをかけるのは当然と言えるわけですから、そこもしっかりアピールすべきでしょう。

ご自身の事業規模などと照らし合わせて、いくらくらいを投資できるのか、またその出版の目的やどのように販促に繋げるかまで、この段階で綿密に作戦を立てておくことが望ましいでしょう。

3 いくらかければ出版できるか？

出版社側をノーリスクにしてあげる

では具体的に、いくらのコストをかければ出版社から商業出版をすることができるのでしょうか。

様々な考え方がありますが、基本的に出版社側は本の製作コストを回収できれば損をすることはありません。極論すれば「製作コストを払ってもらえる」のであれば、あとは売れればその分得となるし、運よくベストセラーになれば大儲け、というローリスクなギャンブルをしているような状態です。

そうなれば当然企画会議は通りやすくなります。

ズバリ、必要なのは150万円

そう考えた場合、著者側ができるもっとも効果的な施策が自己買取です。初版○○部のうち、△△部は自分で買い取ります、というものです。

出版にかかる原価や利益構造は出版社によって変わるため、いくら以上買い取るべきという基準を作るのは難しいですが、これまで私が出版コンサルティングをしてきた経験上、初版部数の2~3割の買取ができれば、出版社の稟議を通す上での有力な武器となるように感じています。

ビジネス書の初版部数はたいていが3000部~5000部といったところです。これの2~3割と考えて1000部の自己買取ができるのであれば、出版社側もかなりあなたの本を出しやすいと言えるでしょう。

1冊1500円とすれば1000部で150万円。もちろん、企画の内容など他の要素にも左右されるものではありますが、これがあなたが著書を出したいと思ったときに用意すべき金額と言えるでしょう。

２０００部の買取ならばさらに確実

あくまでもこれは目安で、実際には企画書の内容によって結果は大きく変わってきます。企画の内容に関係なくお金の力だけで出版する、というのは自費出版の考え方であり、商業出版を行う出版社のほとんどはそれぞれが**「こんな本を世に送り出したい」という考えを持っており、その基準で内容を精査されます。**

したがってお金を積めば出版できる、というわけではないのですが、その一方で出版不況と言われるこのご時世にある程度の数字が保証されているということが出版社にとって魅力的なのも事実。１０００部を買い取りの基準ラインとすれば、その倍の２０００部の買取ができれば、出版社としては「赤字になることはそうそうない」という風に考えられ、かなりの高確率で出版できるはずです。

１５００円　×　２０００部　＝　３００万円

です。どうでしょうか。広告宣伝費と考えれば、決して法外な価格ではありません。もちろんそれが効果的かどうかは、あなたのビジネスモデルや扱っている商材によって変わってくるわけですが、このくらいの値段ならやってみようかな、と思う経営者の方は結構いるのではないかと思います。

売り切る自信があるならば「売れ残りを買い取る」という契約も

また、最初から買い取るのではなく、普通に書店に流通したあとの売れ残りを買い取るという契約もあり得ます。売れ残りは買い取る代わりに初版の部数を多くするという内容になります。

普通、出版後ある程度の割合が売れた段階で出版社は増刷の決断をしますが（すべて売り切れてからでは品切れとなる期間ができてしまうので）、もし増刷になったら買取はなしという契約になります。出版後のマーケティングなどで売り切る自信があるのならばこのような契約も考えられるでしょう。

ベストセラーを作る、という意味で第1章では３０００万円という金額を上げましたが、**出版自体にかかるコストはこの通り、数百万円**から、このあとご紹介する出版コンサルティングを利用する費用までふまえても１０００万円程度です。

もしも効果があるかどうかわからないリスティング広告やＳＥＯコンサルタントにかけている広告コストを見直して、より有効なマーケティング手法に投資がしたい、そんな風に考えているのであれば、ぜひ一度出版マーケティングを検討してみることをオススメします。

4

コンサル出版という選択肢

専門家に頼むのがベター

出版するためには良い企画を考えて企画書を出さなければならない、と書きました。しかしこれはそう簡単なことではありません。ほとんどの人にとっては、どんな企画書を目指せばいいのかもわからないでしょう。

出版社の会議を通しやすい企画書の書き方については、前著『今すぐ本を出しなさい　ビジネスを成長させる出版入門』で詳しく説明したので本書では割愛しますが、どうせお金をかけてベストセラーを作る、という意識で取り組むのであれば、そこもコストをかけて専門家に依頼する、という手法があります。

いわゆる出版コンサルティングというもので、あなたのビジネスモデルや出版の目的といった著者側の意向と、出版業界の流行や読者の興味をそそる内容といった出版社側の意向、両方を考慮した企画書の作成をしてくれます。

やはり専門家に頼むほうがクオリティの高いものができるのは当然として、あなたの出したい本の内容と相性の良い出版社と交渉したりもできるため、出版できる確率を大きく上げてくれるでしょう。

また企画書作成だけでなく、出版社の紹介や編集者とのやりとり、実際に製作する際の執筆代行、出版後のマーケティングなど出版に必要なことを一気通貫して行ってくれるところもあります。

本業を回しながら書籍を作るために

出版マーケティングを行うためには、そもそも自身のビジネス、商品を持っていなければならないということをここまで解説してきました。それはすなわち、出版以外の本業を持っている人ということになりますが、当然本を作っている間もその本業をおろそかにすることはできません。

1冊の本を作るのには大変な労力がかかります。そこに力を割くあまり、本業に割けるリソースが減ってしまっては本末転倒です。かといって、毎日終業後のわずかな時間を使って執筆し、完成までに2年かかりました、というのでは出版は現実的ではありません。

特に商業出版の場合はスケジュールが決まっていることがほとんどですから、決められた期間内で、本業と並行しながら、クオリティの高い本を作る、というのがミッションとなるのです。これをすべて自分でやるのが簡単でないというのは、容易に想像がつくでしょう。

打ち合わせと取材に答えるだけで理想の本ができるかも

実際にどのように制作を進めていくかは著者の意向にもよりますが、出来る限りリソースを割かずに完成させたいということであれば、本のコンセプトを決めるための数回の打ち合わせと、実際の内容を聞くための数回の取材をして、あとはライターや編集者に任せてしまうということも可能です。

もちろん内容については適切なタイミングで確認し、修正が必要なところは修正することで、あなたの理想の内容、出版社が要求する内容、スケジュールとそこに割くべきリソース、すべてのバランスが取れた1冊ができあがります。

5 「ゴーストライター」という表現はもう古い

著者自らが書くのは合理的ではない

前項では、書籍製作の具体的な作業の大部分はコンサルタント側に依頼することができるという話をしました。もしかしたら「自分で書かないなんてアリなの?」と思われた方もいるかもしれません。

書籍の執筆そのものをライターに依頼するのは昔からごくごく一般的なことです。

先述の通り、そもそもビジネス書の著者となるような経営者や著名人は本業が忙しい場合が大半です。また、商業出版で本を出すなら、一定以上のクオリティが必要であり、そのためには当然文章力や構成力といった能力が必要となってきます。それを本業が忙しい経営者や著名人に負担させるというのは、とても現実的ではないと考えるのが普通です。

小説など、ストーリーや言い回しそのものに価値がある創作物は別ですが、ビジネス書であればその本質はそこに内包される情報やノウハウにあります。

そういった本質的な部分を、取材によってしっかりと著者から引き出すことができているのであれば、細かな言い回しや章立ては著者が作るよりも出版のプロが考えるほうが良いものができる、というのが自然な考えでしょう。

ゴーストライターではなくブックライター

このような専業のライターを使うやり方は、長らく「ゴーストライター」などと言われ、否定的なニュアンスで語られるのが一般的でした。著者として、自分が書いていないのはどこか後ろめたい、そんな風に思う人もいたかもしれません。しかし、先述の通りあくまで書籍製作に携わる一人のスタッフであることを考えれば「ブックライター」という表現が適切であると考えます。多くの経営者本などを手掛ける有名ライター、上坂徹さんは『職業、ブックライター。毎月1冊10万字書く私の方法』（講談社）という本を出しているほどです。事実、最近ではベストセラーの作り方と同様に、このゴーストライターについても徐々に「隠すべきこと」ではなくなりつつあります。

例えば毎月のようにビジネス書を出版している堀江貴文氏は、ライターを起用していることを明言しているばかりか、『多動力』の担当編集であった箕輪氏が「ホリエモンは自分では1文字も書かない」といった発言をTOKYO MXで放送中のテレビ番組「5時に夢中！」の中でしたことがあるほどです。もちろん完成した原稿のチェックなどはしているはずで、要はそこに書かれている文章に堀江イズムが通っているかどうかというのが問題なのです。

そもそも、**音楽であれ漫画であれ、分業制で作品を作ることはよくあること**です。そう考えれば書籍だけが「ゴーストライター」などという表現で、分業するのが後ろめたいことであるかのような表現を使っているのがおかしい、とすら感じます。

通常業務の中で十分に回せる

というわけで、経営者がマーケティングのために出版を使うのであればライターを起用するのがオススメです。もちろん、文章を書くのが好きだったり、どうしても自分の文章で熱意を伝えたいという想いがあるのなら別です。実際に自分で書いている経営者がいないわけではありません。

ただ「自分は文章なんて書けないから出版できるわけがない」と思う必要がまったくないということは、ぜひ覚えておいてください。

6 著者の仕事はコンテンツを持つことである

分業制出版における著者の役割

書籍の具体的な構成は編集者が作りますし、文章そのものはライターが書きます。では著者の役割は、と言えばそれは独自のコンテンツを持つことです。

100人以上のビジネスを成功に導いてきたコンサルタントであるとか、会社員をしながら不動産を多数持ち副業で1000万円稼ぎました、という**普通の人が持っていない何かしらの経験やノウハウを持っていれば良い**わけです。

その著者が持つコンテンツを素材として、あとはそれを編集者やライターといった専門家がおいしい料理に仕上げる、というのが現在多くの書籍の製作現場で見られる分業体制です。

情熱の燃やし過ぎに注意

出版のお手伝いやプロデュースをしていて少しだけ困ってしまうのが、書籍にかける熱意がありすぎて、とにかく自分の思いやノウハウをすべて詰め込みたいと思ってしまう著者の場合です。

もちろん、自分の理想の本を出したい、思い出作りがしたい、というのであればそれでも構いません。しかしベストセラーにしたい、それによって本業の業績を伸ばしたいと考えるのであれば、**「売れる本」を作るために客観的な視点を持つ**ことも大切です。

例えばビジネスノウハウを公開したいのか、読者の生き方を変えるような自己啓発的なものを作りたいのか。その本はどんな人を対象としていて、その人たちにどんな価値を提供するのか。こういった方針が定まっていない本はなかなか売れません。

もちろん情熱を持つのは良いことですが、あなたのその熱意を効率的に読者に伝えるためには一歩引いた視点で見ることも必要です。

7 一般人は本を出せないのか？

経営者以外でも本は出せる

本書は出版マーケティングについて語っている本ですから、基本的には経営者の方が本を出すというのを想定して解説してきました。しかし読者の多くは一般的なサラリーマンであったり主婦であったり、もしくは学生であったりといった方も多いかと思います。そういった経営者以外の職業の人が本を出すことが難しいか、と言えばそんなことはありません。

例えば、私のセミナーの受講生に現役の高校教師がいますが、仕事を続けているうちに「本当にこの仕事だけで良いのか」「何か自分の強みを見つけたい」と思い、私のセミナーを受講し、今では複数の著書を出版しています。その他にも、主婦でお片づけの専門家、子育て本を出した主婦、メーカーエンジニアで数学の本を出した方など、ごくごく普通の方が「自分の強みを生かして出版」というケースは多く見受けられます。

コンテンツは必要

とはいえ、著者の役割である「コンテンツ」を持っていないことにははじまりません。多くの人にとってはここが一番な難関になるかと思いますが、そこまで特殊な経験が必要というわけではありません。

例えば前述の高校の先生の場合であれば教師生活で培った教育論や勉強法、子育て術といったコンテンツで出版をすることができました。自身の仕事や生活の中で感じたこと、人よりも詳しいことなどの中で、何がコンテンツになるかを考えてみましょう。

コツコツ努力をするしかない

とはいえ出版をしたいなら、さらにベストセラーを作りたいのであれば「知名度」か「資金力」のどちらかがないと厳しいのも事実です。本書でメインターゲットとしている経営者には「資金力」がありますし、芸能人やインフルエンサーには「知名度」があります。

これは著者のほうの責任というよりは、第1章で解説した通り出版業界がオワコン化しているがために、本の企画や内容だけでは売れず、著者のそういった強みに頼るしかないためです。

しかし現実問題としてこの両方を持たない一般の方が出版し、ベストセラーにしようというのは簡単なことではありません。

頑張るべきはブログ

「それでも本を出したいんだ！」という強い情熱のある方は自身のブログを頑張っ

て更新し、そこでファンを作りましょう。先の高校の先生も出版を志してからブログをはじめ、数年かけてファンを増やしたことが出版へと繋がりました。

近年では出版社もブログやＳＮＳでの活動を重視しており、会社によってはフォロワー何人以上、読者何人以上といった具体的な数値基準を設けているところもあるほどです。

私の肌感覚ではＳＮＳのフォロワーが10万人近くになれば出版、そしてベストセラーが見えてくる印象です。ブログであれば月に１００万ＰＶほどあれば出版の話が来る可能性が出てきます。３００万ＰＶならばベストセラーが狙える水準であると言って良いでしょう。

ブログやＳＮＳをコツコツと更新することで、自身のコンテンツを磨きながらファンを増やしていき、出版社からも認められる存在を目指すのです。

第5章

ベストセラーの作り方
～効果的な販促編～

1 インフルエンサーの本はなぜ売れるのか

一般的には「信用」「共感」「親近感」

第1章でインフルエンサーの書籍がベストセラーになりやすいということを書きました。もちろん、全てベストセラーになるわけではありませんが、出版不況の現代において比較的好調な本が多いジャンルであるのは確かです。ここには出版後のマーケティングを考える上での重要な要素が詰まっています。

そもそもインフルエンサーの本がなぜ売れるのか、と言えばもちろんそのファンが買ってくれるからです。とはいえ、芸能人の本がすべてベストセラーになっているかと言えば、そんなことはありません。その違いはどこにあるのでしょうか。

この現象は一般的にはインフルエンサーの発信力が強いからである、と解説されますが、影響力と言い換えてもいいでしょう。共感とか親近感といった言葉が用いられることもありますが、とにかくツイッターやユーチューブを主戦場とする彼らは、テレビに出ている芸能人よりもファンにとって身近な存在である、ということです。

明石家さんまさんや福山雅治さんを知らない日本人はほとんどいないと思いますが、彼らが普段どんな家に住んでいてどんなものを食べているか、というのはテレビの前の視聴者は知りません。一方で人気ユーチューバーやインスタグラマーの多くは、住居から普段の食事、使っている化粧品まで公開しています。

「この商品に最近ハマっているんですよね」と言った時、そこにより真実味があって、自分も買ってみようとなるのは親近感のあるインフルエンサーのほうである、というのが一般的な解釈です。

平積みされる本を目指せ

書籍の場合もこの理屈が当てはまるでしょう。芸能人ほど広く知られる存在ではないからこそ、自分たちのシンボルであるこの人がついに本を出すところまで来たということに喜びを感じて、応援しようというファンが多いようにも見えます。

しかし書籍におけるインフルエンサーマーケティングの強みは、その先にあります。それが初速の重要性です。

第3章でも少し触れましたが、「**売れている商品がより売れる**」というのは市場の基本原理です。そして書籍の場合はその傾向がさらに強まるというのが今回のポイントです。

まず本というのは本棚に収まって背表紙だけが見えている状態と、平積みされて表紙が見えている状態ではまったく情報量が異なります。本当はその本の内容がぴったり合うという人がいたとしても、背表紙だけでは見逃してしまうことがいくらでもあり得ます。

すなわち平積みしてもらうというのが書籍の販売では非常に重要なことで、さらに可能ならPOPを作ってもらったり、特設の売り場にしてもらったりするのが理想です。

返本されたら見つけてもらうことすら叶わない

また書店には返本という仕組みがあります。一定期間経って売れていない本というのは出版社に送り返すことで書店は不良在庫を抱えなくて済むというシステムです。もしもあなたの本の内容ぴったりのものを探しているお客様が1年後に来店する運命にあるとしても、それまでにあなたの本が返本されていたら、そのお客様があなたの本を発見することはなくなってしまうわけです。

したがってあなたの本の内容やタイトルがとても優れていて、潜在的にあなたの本を評価する読者がどれだけいたとしても、タイミングや書店での扱い次第でそれが埋もれてしまうことがいくらでも起きてしまうということになります。

初速が大事

本の売上を伸ばすためには、本が返本されず長く書店に置かれ、しかもできることなら平積みされたりPOPをつけてもらったりする必要があります。ではどのような本がこういった扱いをしてもらえるか、と言えばそれは「売れている本」です。売れ行きが良い本なら在庫が残っていたとしても返本されることはありませんし、平積みして目立つところに置かれます。

本を売るためには、まず売れている本にならなければならない。卵が先か鶏が先か、という話になってしまいました。

これはつまり、一番最初の売上、すなわち初速で**「この本は売れている本である」**と認識されるかどうかが、その後長期間の売上を左右する、ということです。

インフルエンサーが強いのはここで、知名度そのものが芸能人より劣るとしても、SNSを通して出版のことを知っていて「発売日に買います！」というファンが一定数いることで初速を稼ぐことができるわけです。

書籍の販促は初速をいかに出すか、が焦点になると言えます。

2 ファンを動員しろ

初速作りのテクニック

とはいえ、自分はＳＮＳもあまりやってないしインフルエンサーの知り合いもいない――そんな人がほとんどだと思います。しかし、要は書店での初速の売上を作ればいいわけですから、やり方はいくつもあります。

例えばＢ to Ｃのビジネスをしていて「リスト」を取っている人は、それを活用するというのも１つの手です。ここで言うリストというのは、潜在顧客を集めた顧客台帳のようなものを指します。

例えば、メルマガやライン公式アカウント（ラインアット）でリストを集める、というのは現代のマーケティングの基本的なセオリーとなっています。そういった媒体で無料の情報を提供し、もっと深い情報が知りたい人に対しては有料でよりリッチなコンテンツを提供するというビジネスモデルです。

メルマガにせよライン公式アカウントにせよ、開放されたコミュニティではないため「インフルエンサー」とは違い、一般的な知名度は高くないでしょう。しかし重要なのはあなたの本を発売日に買ってくれる人の数、です。

もちろん普段発信している情報がどんなものかにもよりますが、もしあなたが普段から積極的に役立つ情報を発信しているのであれば、そのリストの中には必ず**「書籍が出るなら買ってみよう！」**と思う人がいるはずですから、これは強い武器となるでしょう。

1万人のリストを集めろ

メルマガやライン公式アカウントの登録者が何人くらいいれば、出版の初速を上げるのに役立つかと言うと、少し感覚的な話にはなってしまいますが、私が今まで見てきた限りでは最低でも１万人以上は必要かと思います。

メルマガなどでは特に顕著ですが、すべての受信者がメールを開封するわけではありませんし、開封したとしても興味を示すかはわかりません。登録者のうちの一定の割合が「毎回配信されたコンテンツをよく読み、書籍にも興味を示す熱心なファン」であると考えた場合、その数が売上に影響を及ぼしはじめるのは、総数が１万人に達したくらいではないかと思います。

さらに厳密に言えば、実際に本を発売直後に買ってくれるファンが１０００人いれば、その本はベストセラーに向けて大きな一歩を歩みだしたと言えるでしょう。

全体の１割、10人に１人が有料コンテンツに興味を持ってくれる、という少し甘めの仮定で考えたとして登録者が１万人いればだいたいこの「１０００部の初速」を作り出せるということになります。

特別なリソースを割かなくて良いのが強み

1万人と言うと、途方もない人数と感じられるかもしれません。しかしこの施策の良いところは、あくまでそれは本業のマーケティング施策でもあるという点です。

例えば「本を売るためにインフルエンサーを目指す！」というのは現実的ではありません。狙ってそうなれるのであれば、出版以外の方法で稼げるんじゃないの、となってしまいます。

一方で、ビジネスモデルにもよりますが、今すでにメルマガやライン公式アカウントをしている人というのは、それが本業のメリットにもなるからやっているわけで、それを一生懸命に伸ばすことは、著書の売上を抜きにして考えても有効なことです。

そうやって登録者との接触回数を増やすことで、徐々にあなたのファンになってもらうことができれば、**ビジネスにおいても出版においても有利になる**でしょう。

読者の逆輸入も忘れずに

また忘れてはならないのは書籍を買ってくれた読者をメルマガやライン公式アカウントに「逆輸入」することです。

書籍の巻末に広告とQRコードを入れるのはもちろん、本を買ってくれた方には特別な記事や動画のリンクを送るなどの特典をつけることで、本ではじめてあなたのことを知った人をリストに加えることができます。

そうやって増えたリストは、本業を伸ばしてくれるだけでなく、もしもあなたが2冊目の書籍を出した際に、発売日に買ってくれる有力候補となります。

そもそも1冊目を買ったという時点で「そのジャンルの書籍を買うという行動パターンを持っている」人であるわけですから、2冊目以降にも興味を持ってくれる可能性が高いはずです。

こうやって本業と出版に相互作用する施策として、メルマガやライン公式アカウントなどのリスト作成は必須となってきます。

3 禁断の裏技「書店買取」

誰でもできて効果が高い書店買取

業種によってはメルマガやライン公式アカウントといったいわゆるリスト取りがそれほど有効ではなく、まったくやっていないという方もいらっしゃるでしょう。そんな場合どうやって売上の初速を上げるかと言うと、１つだけどんな著者にもできて、それでいて高い効果を誇る方法があります。

それは書店買取、**すなわち自ら書店をめぐって自分の本を買うという方法**です。この方法の信者は意外に多く、誰もが名を知るベストセラー著者も、デビュー作では「現場の空気を動かせ」という編集者の指示のもと、大型書店を回っては数冊ずつ自分の本を買ったといいます。この伝説のため、発売直後に山手線をぐるぐると何周もする著者の姿を今でも見かけることができます。

自分の本を自分で買って額面上の売上だけ増えたところで意味ないじゃないか、そう思われるかもしれません。しかし思い出してください。「初速」の売上さえ作ることができれば、書店では「この本はよく売れる本だな」と認識してもらえます。そういった情報は取次業者を通して書店間である程度共有されるため、実際に自分が買った店舗以外の書店でも、平置きされたり返本されにくくなったり、もしくは「売上ランキング」上位として特設売り場に置いてもらえたりすることになります。

そうなれば当然、あなたのことを知らない読者の目にも留まりやすくなります。最初の売上は自演だったとしても、それにより露出が増えて本当に売上が伸びていくわけです。

目安は1000部

ではどれくらの本を買い取れば良いのでしょうか。これには1つ目安があります。一般的に初版の発行部数の20〜30％が、発売直後に売れたらベストセラーのペースです。このくらいのペースで売れているとなれば、出版社も増刷の判断をすることが多くなります。

初版部数5000部と想定した場合その20％は1000部。30％は1500部です。もちろん、普通に買ってくださる読者の方もいらっしゃることを考えれば、1000部を自分で買い取ることができれば十分でしょう。

書籍の価格は1500円ですから、1000部を買うと150万円。新聞や電車の中吊りに広告を出せば、数百万円以上かかることもありますから、金額的にはかなりコストパフォーマンスの良い投資であると言えます。

ちなみにチェーン系の書店では、都心の大型店舗など、一部旗艦店舗にて売り上げのデータをベンチマークしているため、そこで買うのがポイントです。その売上データは各店舗に共有され、この本は今売れ行きが好調なんだな、と認識してもらうことができます。

書店を回って１０００部も買うなんてどうやるの？　そんな売上操作でランキング上位を狙うのは卑怯じゃないか？　そう思われる人もおられるかもしれません。これについては次項にて実例を踏まえてお話したいと思います。

4 書店買取をうまく利用したベストセラー

書店買取は内容を評価してもらう「機会」を作るためにある

「自分で買い取ることで売上を操作するなんて卑怯だ」と思われるかもしれませんが、これ自体は**書籍以外の業界でもごく一般的に行われているマーケティング手法**です。そうやってベストセラーを装ったところで、内容が良くなければそれ以上に伸びることはありません。

初速を人為的に作ったとして、それによって購入してくれた第二波の人々が「この本は良かった！」と評価することで口コミが広がり、本当のブームが巻き起こります。すなわち初速を作ることは、その第二波の人々に「評価してもらうチャンスを作る」ための施策なのです。世の中には、これを怠ったばかりに、本当は素晴らしい内容なのに評価される機会すら得られず返本、絶版となった作品がいくらでもあります。

ファンの協力を仰ぐ

「それはわかったけれど、自分ひとりで1000冊もの本を買い歩くなんて無理でしょ？」

そう考えた方もいるでしょう。

ここではこの手法を非常にうまく利用してベストセラーを作った例をいくつかご紹介したいと思います。

まず1人目は、私がプロデュースしたネット起業家のA氏です。著作も多くあるA氏ですが、マーケティング面で非常に強みとなったのがメルマガ会員が10万人もいること。10人に1人が買ってくれただけで1万部になるわけですが、A氏はさらにこのコミュニティに書店を回ってもらうことで初速を作るという手法を用いていました。

具体的にはフェイスブック上で、自分を応援してくれるファンのグループを作って、その人たちに交代制で都内5～6エリアの書店をめぐってもらったのです。

今日はAさんとBさんがこのエリア、明日はCさんとDさんがこのエリア、という形でシフトを作って買取を行うのです。好調な売上データを作るには、主要なエリアで満遍なく買うことが必要ですから、この管理が非常に大切になります。

書籍そのものの費用は著者が買い戻しても良いですし「何冊買ってくれた人にはこんな特典」というキャンペーンをしても良いでしょう。問題となるのは、そこにかかる人的リソースのほうで、これはアルバイトを雇うという方法もありますが管理が大変です。

そこで自分たちで自発的に作戦を練って動いてくれるファンの力が大きな武器となるのです。アルバイトは最悪サボってしまうかもしれませんが、ファンであればその心配もありません。

旗艦店舗に絞って買い取る

具体名は伏せますが、５年ほど前に某起業ノウハウ系の著書でベストセラーを記録したAさんも買取をうまく使っていました。

書店買取に関して理想を言えば全国のあらゆる店舗で買取を行い、初速が伸びるのが一番です。そういう意味で、メルマガなどによって全国にファンがいる人というのは非常に強いわけですが、それが難しいならば都内の主要な旗艦店舗だけでも攻略できれば売上は大きく変わります。

A氏の場合はビジネス仲間などに頼み、**主要な20店舗の書店で１００冊ずつを購入したという話**を聞いています。

同じ２０００冊でも、２００店舗で10冊ずつ買うとなれば書店をめぐる時間のほうが問題となってきます。一方で20店舗で１００冊ならば、１００冊＝15万円を自分に投資してくれる仲間が20人いれば良いわけですから、普通の経営者であれば何も難しいことではないでしょう。

みんなが使いすぎて最近は出版社も慎重に

先述した通り、初速を人工的に伸ばすことで、一般読者による第二波が訪れます。そこで高評価を得て口コミが広まれば正真正銘のベストセラーとなるわけですが、当然ながら中にはそうはならない本もあります。

初版は非常に順調で、最初の1カ月で30%が売れたから増刷したと思ったら、そのとたんに売上が止まってしまう、そんなケースがあるのも事実です。最近では出版社もそれを警戒して増刷に慎重になっているような印象を受けます。

もしかしたら、今後はますます出版社が慎重になり、初速を伸ばす＝即増刷とはいかないようになるかもしれません。ただその場合でも、書店の評価を得ることの重要性は変わりませんし、何よりこれはそれほど多くの書籍が買取による初速伸ばしを行っていることの証明です。

自分だけが正攻法で攻めた結果「読者に評価される機会すら得られない」のでは話

になりません。何もしなくても１０００人以上のファンが動いてくれるだろうという算段の立たない人であれば、この書店買取という手法は有力なマーケティングテクニックとなり得るでしょう。

5 アマゾン攻略法

アマゾンランキングの攻略は必須か？

ここまではリアル店舗における初速の伸ばし方について解説しましたが、現代社会において本が買われるのは書店だけではありません。ほとんどネットでしか買わないから書店にはいかなくなった、なんていう人もいるでしょう。

ネット店舗の中でもやはりもっとも市場規模が大きいのはアマゾンです。アマゾンは独自のランキングを大々的に出していることもありアマゾン上位＝ベストセラー、という認識も広まっているほどです。

ということは、リアル店舗と同様にアマゾンでも最初に自分で注文を入れ、ランキング上位に食い込ませることができれば、そのあとの売上を伸ばすことができるはずです。

むしろアマゾンのほうが、トップページにオススメ商品を表示してくれたりするＵＩの都合上、リアル店舗以上に「上位表示されることが大切」と言えるかもしれません。

アマゾン攻略は難易度が高い

しかし、私自身が出版コンサルティングを行う場合、アマゾンのランキングにはそれほど力を入れることをオススメしていません。理由は２つあって、まず１つはアマゾンの攻略は難易度が高いということです。

もちろん、たくさん買えばランキング上位にいくという傾向は間違いありません。しかし、一度に大量注文してもダメで、時間を分けて注文したほうが良いとか、１つのアカウントからの注文の場合はどうだといった、リアル店舗にはない複雑なアルゴリズムが絡んでくるため、単に「いくら使ったから何位になります」という話ではないのです。

またこのアルゴリズムも定期的に変更されるため、アマゾン社内のスタッフ以外は誰も最適な作戦を知りません。ビジネス的に言うならば、費用対効果の試算が難しい、ということになります。

アマゾン1位の価値

2つ目の理由は、**「アマゾン総合1位！」というような肩書に、そこまで大きい価値がない**ということです。

テレビをつければ、いかにアマゾンの勢いが凄まじいかが語られていることがよくあります。アマゾンのせいで書店がどんどん潰れている、などという報道を見たことがある人も多いでしょう。

これは間違いではありません。ひとつひとつの書店から見れば、アマゾンの売上規模というのはまさに「桁が違う」存在です。しかし「すべての書店VSアマゾン」という構図で見れば、決してアマゾンがほとんどということはありません。書籍全体の売上を考えれば、やはり書店での売上は重要ですすなわち、各書店視点で見ればアマゾンは怪物のような売上規模であっても、著者視点で見ればあくまでも1つの売り場でしかなく、少なくともそこにだけ注力していれば良いというものではありません。

費用対効果は低い

以上のことを踏まえると「アマゾン攻略はできなくはないが、その費用対効果は高くない」というのが私の結論です。

そもそもアマゾン総合1位という肩書にどれほどの意味があるか、というところからして疑問なわけで、それよりも**書店側からの評価を上げてしっかりと返本されずに長い間平積みしてもらう**ことのほうが、重要であると感じています。

また、「総合1位！」と帯に書いたりできるならばまだ良いですが、1位を狙ったあげく2位や3位ということもあります。「アマゾン総合3位！」じゃあ、謳い文句としても締まりません。

手軽にできるアマゾン攻略

とはいえ、アマゾンが一定の規模の売上を持っていることも事実ですから、費用をかけずに順位を上げられるのであればそれに越したことはありません。

例えば、メルマガやライン公式アカウントにアマゾンのリンクを貼ったりして、登録者が購入しやすくなるような導線を作るといった工夫は必要でしょう。多くのアカウントからバラバラに注文が入るため、このやり方ならアルゴリズム的にも上位が狙えます。

またそうやって**書籍を買ってくれた人たちにレビューを書いてもらう**というのも有効です。アマゾンレビューはやはり購入の意思決定に影響を与えますし、レビュー数が少ないと、もし低評価がついた時にそれが目立ってしまいます。

自分で買取するまではないだろうというのが今の私の印象ですが、このようなファンやリストを抱えている人は有効活用してみてください。

6 著書は3冊出版しろ

実績があれば

実はこのような施策をしなくても、出版直後から本を平積みしてもらい、返本もなかなかされなくなる方法があります。それは**「過去の本がよく売れた」という実績**を作ることです。

その著者の過去の本のデータ、というのも当然書店は持っていますから、それを使ってどのように扱っていくかを決めます。当然、大ヒットを出したことがあったり、ある一定数のファンを持つ著者の本はいい場所に置かれますし、返本もされにくい傾向にあります。

出版マーケティングは続けてこそ価値がある

私自身、出版コンサルティングをしていて様々な著者の方を見てきましたが、1冊目の著書で5万部10万部という大ベストセラーを出す人というのは、正直なところあまり多くありません。

もちろん広告等への投資額にもよりますし、1万部程度の「小当たり」であれば珍しくはないのですが、どんな書店にも置いてあるような爆発的なヒットというのは、何冊か本を出したあとに訪れることがほとんどです。

その理由には、単に試行数が多くなれば累計の成功率も高くなるということもありますが、やはり大きいのは書店の扱いです。

1冊目からある程度の投資をして、1万部とか3万部という小当たりを繰り返しておくことで、書店としてはこの人の著書は堅実にしっかり売れているな、という判断ができます。

また、著書が3冊とか5冊とかあれば、それをまとめて売り場の棚にその著者のゾーンを作ることができます。場合によっては著者の名前の札が棚についていたりして、わかりやすくなっているのを見たことがあると思います。このように書店の棚ポジション的に優遇される状況を築いた上で出版を繰り返すことによって、徐々に多くのお客様の目に留まりやすくなり、その結果どこかのタイミングで爆発するわけです。

オススメは年に２冊

そういう意味では、第１章で「ベストセラーの値段は３０００万円」と書きましたが、それよりも数百万円～１０００万円くらいのコストで、１万～３万部くらいの本を複数出版することを目指したほうが、本業のマーケティングという意味では有効であることが多いでしょう。

やはり世間のイメージとしても、本を何冊も出している人、書店にたくさん本が並んでいる人、であるほうがより専門家としての信用も高まるのは間違いありません。

それを踏まえ、見出しでは「3冊出版しろ」と書きましたが、ある程度マーケティングの成果が出てきたり、書籍の売上も伸びてくるのが3冊目くらい、という傾向があります。

さらに、私がオススメするのが年に2冊くらいの出版を繰り返していくことです。もちろん、それより多いペースでも問題ありませんが、コストや制作にかかる時間から考えて、年に2冊くらいであれば無理のない範囲でしょう。

広告にせよ、SEOにせよ、単発の投資で効果が出にくいのは同じですが、出版の良い点は結果が積み重なることです。「ある程度売れた」というデータによって、次の本が「とても売れた」に変わります。また最新の本が売れれば、それに引っ張られるように過去の本の売上も上がったりします。このようにストックビジネスに近い性質があるからこそ、出版に対しては「長期投資」するのがオススメです。

7 広告の値段

ベストセラーを作るなら必須

出版マーケティングをする上でもっとも大きく金額を左右するのが広告の掲載料です。前回書いたような、毎回1万部程度を目指すスモールスタート（と言ってもこれくらいの部数があれば十分に成功と言える水準です）でいくのであれば投資額は1回あたり数百万円で済みます。一方で、第3章で述べた通り『お金2・0』の佐藤航陽氏は都内の電車を広告でジャックするのに5000万円かかったと日本経済新聞で報道されています。

とはいえ、10万部以上の大ヒットを目指すのであれば、やはり絶対に必要なコストでもあります。

電車広告は300万円以上

ではこの広告の掲載料、相場はどれくらいでしょうか。

例えば電車の広告だとしても中吊りなのかドア脇のポスターなのか、といったところで若干変わってきますが、相場としては山手線全線に掲載する場合でざっくり1000万円というところです。これが地下鉄だと300万円程度、電車ではなく駅の柱などに貼られているポスターだと（当然どこの駅かによっても変わりますが都心部で）一駅100万円程度となります。もう少し高額なところで言うと、東海道線の東京熱海間などは距離が長いこともあって2000万円近くします。

新聞広告も同じくらい

その他には新聞広告というのも比較的ポピュラーな投資先です。日経新聞に1回掲載するのも数百万円程度ですから、コスト感としては電車広告とあまり変わりません。

「どの広告にいくらかけるべきか？」というのは内容や販売戦略との相談になりま

す。経営者が著書を出すとなれば、やはりジャンルはビジネス書や自己啓発書になりますから、ターゲットはビジネスマンであることが多いでしょう。サラリーマンだけを狙い打ちしたいなら通勤電車を狙うのが効果的ですが、地方をテーマにした本であれば日本中どこでも読まれる新聞広告のほうが適しています。

女性向けの内容であれば女性誌の広告などもあるため、内容も踏まえて慎重に決める必要があります。

8 出版コンサルティングを使え

専門家に任せろ

第4章、第5章と具体的な出版の方法、出版後のマーケティングの方法について解説してきました。正直いろいろな選択肢があって難しい、と感じた人もいるのではないでしょうか。そこで改めて出版コンサルティングの説明をしたいと思います。

出版コンサルティングとは、本を出したいという著者の依頼を受けて、企画書作りから出版社とのマッチング、実際の書籍の製作から出版後のマーケティングまでをトータルパッケージとして提供する仕組みです。

出版コンサルを使うメリットは大きく分けて「労力の削減」と「経験値」の2つがあります。

どれだけリソースをかけずに作れるかが勝負

前にも書いた通り、経営者であれば本業があるはずであり、本業を回しながら著書の製作をするのは非常に大変です。それが「一生に一度の思い出の作品」であるのであれば、気合を入れて半年、1年と時間を使って一筆入魂のつもりで執筆するのも良いでしょう。

しかし本書でテーマとしているのはあくまでも**「本業を伸ばすためのマーケティングとしての出版」**です。そう考えるのであれば、そのために本業をおろそかにするのは本末転倒としか言いようがありません。

また、この章でも解説した通り、出版マーケティングが最大の効果を発揮するのは2冊、3冊と出版を続けた時です。すなわち、本業を回しながら、コンスタントに本を作り続ける体制を築き上げることがキモなのです。それを経営者自身、もしくは社内のリソースを使ってできるでしょうか？

そう考えれば、「気合を入れて一筆入魂！」などというのは真逆の発想であり、いかに自分の手を煩わせずに（それでいてもちろん自分の主張やノウハウはしっかりと盛り込んだ）本を作れるか、ということこそが重要なのです。

正しい選択を繰り返せるか？

経営者が出版を目指した時、決断すべき選択肢は非常にたくさんあります。そもそも出版社の会議を通すための企画書をどのように作るか？　それをどの出版社に持ち込むべきか？　実際の本の内容はどうするか？　買取は何部すべきで、広告費にはどれくらいかけるべきか？　これらを2冊目3冊目の戦略まで踏まえて決定しなければなりません。

そもそも経営者が専門外の分野に投資をするとなった場合、例えばコストをかけてホームページを刷新するとか、新しい支店を出す場所を決めるといった場合は専門家に相談するのが普通だと思います。それを自分の好みや思いつきだけで行ってしまうというのが危険であるというのは容易に想像がつくでしょう。

なぜ書籍だけがひとりの力で成功できると思うのか

アーティストがＣＤデビューするとなったらプロデューサーがつくのが一般的です。書籍も音楽と同じように専門技術が必要な「作品」であり、専門家がプロデュースしたほうがクオリティが高くなることは間違いありません。

実際に堀江氏やＤａｉｇｏ氏といった有名著作家にはプロデューサー的役割を担う人がついています。

なのになぜか多くの人は、出版だけはすべて著者が自分の力でやっていて、その天才的な才能によってのみ成功するといった幻想を持っているのです。

書籍も音楽や芸能と同じです。**魅力的な演者＝著者を、ノウハウを持ったプロデューサーがプロデュースし**、時には作業を分担しながら作品を完成させ、お金をかけたマーケティングで世に対して訴求することで、はじめて名作が生まれるのです。

9 出版が失敗するケース

悪徳コンサルタントに騙されるな

ここでは私がこれまでに見てきた「こんな出版は失敗する」というケースをご紹介します。

まず注意したいのは、「出版コンサルティングをします」と言いながら、本を売るための具体的なノウハウを持たないような、エセコンサルタントに騙されてしまうことです。

にわかにビジネス書界隈が活気づきはじめている昨今、出版マーケティングそのものも注目されつつあります。そこに目をつける質の悪いコンサルタント、というのも少数ですが存在し、ひどい場合は**そもそも出版を実現する能力すらない**場合もあります。前項では専門家を頼るのがベターであると書きましたが、まずは本物の専門家を見つけること、このようなエセコンサルタントに騙されないことが肝心です。

出版経験者の知り合いを見つける

ではどうすればしっかりとしたノウハウを持つ出版コンサルタントに出会うことができるのでしょうか。

もっとも確実なのは実際にそのコンサルタントのコンサルティングを受けて著書を出版している人に紹介してもらうことです。

この「すでに出版している人とコネクションを持つ」というのは非常にオススメの行動です。コンサルタントを紹介してもらう以外にも、実際の出版の様子を聞いたり、出版した際にはお互いにそれぞれのコミュニティで宣伝しあったりと様々なメリットがあります。

私のまわりの人を見ていても、成功する著者というのは積極的に他の著者との関係を作っていて著者同士のコミュニティのようなものができていることが多いようです。本書を読んで出版に興味を持った、という方はそういった著者のセミナーに行くなどして、作家の人脈を作ってみると良いでしょう。

中途半端にお金をかけるな

その他の失敗例としてときおり見かけるのが、出版は決意したものの、いざ本が出るというタイミングで広告費をかけることに怖気づいてしまい、「**とりあえず本を出しただけ**」になってしまうケースです。

一番はじめに述べた通り、出版業界というのはなんの仕掛けも打たなければオワコンであり、本は売れない時代です。**お金をかけることでベストセラーにすることができる**という最大の長所を放棄してしまっては、ただの思い出作りになってしまいます。

もちろん、安い金額ではありませんから、怖くなる気持ちはわかります。ですからはじめに企画を練る段階で、最終的にどれくらいのコストをかけるのか、それをどのようにして回収するつもりなのかまで綿密な計画を立てるべきなのです。

そしていざそれでいくとなったら腹をくくって突き進むしかありません。

マジメ出版という道

出版後の販促にお金をかけられないのであれば、そもそもコンサルを依頼したり、出版社からの買取契約などもせずに、純粋に企画力で勝負すべきです。

私はこれを「マジメ出版」と呼んでいますが、企画のみで出版社の会議を通すマジメ出版ならば、基本的に著者は1円もかける必要はありません。

もちろんそれは簡単な道ではありませんが、ブログメディアを運営していたり、もともと文章を書くのが好きで、自分で企画を考えるのが苦でないという人は挑戦する価値があるでしょう。

とはいえマジメ出版とて、販促を頑張らなければ売れづらいのは同じですから、これもどちらかと言うと「思い出出版」に近いような形です。

出版マーケティングとして、本業を伸ばすために本を出すのであれば、やはり販促に力を入れない意味はありません。

10 出版マーケティングの武器は再現性にある

仕掛けがあるのはいけないことか？

いかがでしたでしょうか。本書では出版業界のリアルを解説してきたつもりですが、お金の力でベストセラーを作るということにやはり抵抗感を感じるという人もいるかもしれません。

前項でも書いた通り、ベストセラーというのは一般人にない特別な能力や経験を持った著者が、圧倒的な文章力によって綴った時に生まれるものであり、すなわち「才能によって生み出されるもの」であるという印象は根強くあります。

そのようなイメージを抱いていた方にとっては「実は裏には仕掛けがあるんだよ」という内容は、衝撃的なものだったかもしれません。

誰でも活躍できる可能性のある世界

しかしこの「仕掛けがある」というのは言い換えれば「**仕掛けを正しく利用すれば誰でも成功できる**」ということです。特別な才能がなくても、正しいやり方で進めればベストセラーを作って世間に自分の主張を発信できる。さらにはそれによって自身の事業を大きく伸ばすことも可能。このほうが、単に才能のある人だけが成功する世界よりもむしろ夢があるのではないかとすら思います。

ビジネス的に言えば、出版マーケティングというのは世間のイメージに反して「再現性がある」マーケティング手法なのです。事業として投資をするなら、当然成功する確率が高いものにすべきです。そういう意味において、出版は一考の価値があるものです。ここまでは順調に事業を拡大してきたが、普通のSEOやネット集客だけでは頭打ちになってきた、そう思っている経営者の方にとって、**出版マーケティングはブレイクスルーとなる可能性があります。**

あなたもベストセラー作家になってみませんか？

おわりに

『今すぐ本を出しなさい』――

これが、私の前著のタイトルです。本書はその続編と言っても良いかもしれません。もともとは本書のような、出版業界の裏側を踏まえた刺激的な本にしたかったのですが、まずは出版するために必要なノウハウやテクニックをしっかり書かせていただきました。

「一度でいいから本を出版してみたい！」といった方はぜひそちらも手に取ってみてください。

前作が入門編とすると、今回は応用編です。そして、『ベストセラーの値段』という刺激的なタイトルではありますが、私のもっとも伝えたい主張してはやはり、「今すぐ本を出しなさい」ということです。

本書では、出来る限り様々なビジネス書やその著者達の具体的な事例を紹介してきました。

しかしそもそもこれらの施策や、出版で事業を伸ばして人生を変えたという体験は、すべて私自身の身に起こったことです。

私が最初の著書を出したのが２００８年。もうすでに10年以上の月日が経ちましたが、この間に自身の著書が27冊。セミナーの受講生、すなわち教え子たちの書籍は１００冊を超えています。

２０１３年からは小田原に居を移し、東京で芸能人や経営者のプロデュースをしながら、普段はのんびり暮らしています。

ここ数年は出版社の経営はもちろんのこと、文化人タレントプロダクションの設立、富裕層サイトの運営など、経営者やオーナーとしての仕事が主となっています。

＊　＊　＊

＊　＊　＊

思えばはじめての著書を出したころから、今に至るまで私がやってきたことは一貫しています。

自分の本を出し、それを全力でプロモーションすることで、少しでも多くの人に手に取ってもらえるようにする。そこから得られた顧客に対してサービスを提供し、この一連の流れで得られたノウハウや気づきをまとめて、新しい本にする。

ひたすらこのサイクルを回し続けたことで、どんどん事業は拡大を続け、気が付けば今に至っていました。

こう書くと、経営に執筆にと、ひたすら働き詰めのハードな生活をしているのではないかという印象を与えてしまうかもしれませんが、まったくもってそんなことはありません。

例えば最近の私は、小田原に住居を構え必要最低限しか東京にはいかず、月に一度は箱根や伊豆でゆっくりと疲れを癒すことにしています。また週に一度は趣味のサッカーやフットサルで汗を流し、定期的に海外旅行にもいっています。もちろん仕事にも全力を投じていますが、程よくプライベートの時間とのバランスを取ることができています。

このような余裕のある生活は、出版する以前、ベンチャー企業を経営していたころからは、想像もつかないものです。私に今の生活を与えてくれたのは間違いなく出版の力です。

＊　＊　＊

本書で再三書いてきた通り、ベストセラーをお金で買うのは、承認欲求を満たすためでも、ましてや誰かを騙すためでもありません。

自分がこれまでの人生で培った経験やノウハウ、それらを綴った渾身の作品を、それを見て役立てられる人のもとへと届けるためです。

とある本を、とある人が手に取れば人生を変えられる、そんな運命的なマッチングの機会が、マーケティングを怠ったために失われるのでは誰も得をしません。

一番はじめに、出版業界全体が貧しくなっているということを書きました。しかし、全力で書かれた本当に価値のある本を、その内容を求めているはずの読者に届けることができるのであれば、それはあなた自身の人生を変え、それを読んだ読者の人生を変えるはずです。

そんなベストセラーが1冊でも世に多く出回ることで、出版業界はもちろん、読者も含め、みんなが幸せになれる、そんな信念を持ってこの本を書きました。

「ベストセラーの値段」という刺激的なタイトルもまた、この本を本当に必要としている人の下へと届けるための1つの手段に過ぎません。

＊　＊　＊

これまで私が出版のサポートをさせていただいた方の中には、年商100億円以上の企業オーナーもいれば、年商3億円を10億円にしたという人、今では文化人としてテレビのコメンテーターをしている人など様々な人がいます。私がはじめての著書をプロデュースしてから、今では30冊を出版しているという方もいます。

こういった方々のお手伝いをしたことで、出版によって人生が変わるというのは、私の身に偶然起きた特別な体験ではなく、再現性のあるノウハウであるということを実感しました。

もしも本書を読んで、出版を使って事業を伸ばしたいと思っていただけたら、ぜひお気軽にご連絡をください。

一緒にベストセラーを作りましょう。

２０１９年12月　小田原にて

水野俊哉

水野俊哉
『ベストセラーの値段』
出版記念・購読者キャンペーン

本書をご購入いただいた方に、豪華特典をプレゼントいたします。

豪華５大特典＋スペシャル特典

・『ベストセラーの値段』発売記念講演のご招待
・執筆の動機やエピソードを解説！　水野俊哉インタビュー動画
・受講生の半数以上が出版決定した伝説セミナーへの参加権！etc.

詳しくは、本キャンペーン特典サイトへぜひアクセスし、ご応募ください。

【出版記念・購入者キャンペーンサイト】
http://pubca.net/cam/bestseller/

応募方法は？

下記のQRコードの画像を読み込んでください。
登録画面へリンクします。
そのまま登録フォームに入力・送信してください

【出版記念・購入者キャンペーン応募フォーム】

＊登録すると、メルマガでお得な情報が受け取れます。

【特典応募に関するお問い合わせ】
mizunotoshiyaoffice@yahoo.co.jp　（担当：土屋）

※本特典は著者が独自に提供するものであり、その内容について出版元はいっさい関知いたしません。あらかじめご了承ください。

水野俊哉（みずの・としや）

◎1973年生まれ。作家、出版プロデューサー、経営コンサルタント、富裕層専門コンサルタント。
◎ベンチャー起業家、経営コンサルタントとして数多くのベンチャー企業経営に関わりながら、世界中の成功本やビジネス書を読破。近年は富裕層の思考法やライフスタイル、成功法則を広めるべく執筆活動をしている。
◎商業出版を目指す経営者や自営業者を支援する「出版セミナー実践編」は、開講から10年が経過した現在も、受講生の約5割が大手出版社から出版決定という実績を持つ。
◎現在は自ら立ち上げた出版社2社、芸能プロダクションや飲食業のオーナー業の傍ら、執筆やコンサルティング、出版プロデュース業を営んでいる。
◎国内外問わず富裕層の実態に詳しく、富裕層を相手に単にビジネスにとどまらない、個人の真に豊かな人生をみすえたコンサルティング・プロデュースには定評がある。
◎著書は、シリーズ10万部突破のベストセラーとなった『成功本50冊「勝ち抜け」案内』（光文社）の他、『「法則」のトリセツ』（徳間書店）、『お金持ちになるマネー本厳選「50冊」』（講談社）、『徹底網羅！お金儲けのトリセツ』（PHP研究所）、『幸福の商社　不幸のデパート』『「99％の人が知らない」人生を思い通りに動かす大富豪の教え』（いずれもサンライズパブリッシング）、『今いますぐ本を出しなさい　ビジネスを成長させる出版入門』（秀和システム）など多数。

＜水野俊哉ブログ＞　http://d.hatena.ne.jp/toshii2008/
＜オフィシャルメルマガ＞　https://www.mshonin.com/form/?id=218513278
＜オフィシャルサイト＞　http://mizunotoshiya.com/
＜サンライズパブリッシング　公式サイト＞　http://sunrise-publishing.com/

●カバーデザイン：大場君人

ベストセラーの値段《ねだん》
お金《かね》を払《はら》って出版《しゅっぱん》する経営者《けいえいしゃ》たち

発行日　2020年　1月31日　　第1版第1刷

著　者　水野《みずの》　俊哉《としや》

発行者　斉藤　和邦
発行所　株式会社　秀和システム
〒135-0016
東京都江東区東陽2-4-2　新宮ビル2F
Tel 03-6264-3105（販売）Fax 03-6264-3094
印刷所　日経印刷株式会社　　Printed in Japan

ISBN978-4-7980-6072-9 C0034